"中国与全球政治经济丛书"编委会名单

主编：白云真

编委会成员（按姓氏笔画排序）

王文　王逸舟　方长平　乔纳森·科什纳（Jonathan Kirshner）孙学峰

苏长和　肖恩·布雷斯林（Shawn Breslin）　阿米塔·阿查亚（Amitav Acharya）

陈迎　陈家刚　袁正清　高尚涛　郭树勇　臧秀玲　谭小芬

本书获得广西大学中国-东盟研究院课题"中国经济外交中的金融战略与策略"、中央财经大学国际政治专业综合改革项目的资助。

中国与全球政治经济丛书

CHINA IN GLOBAL FINANCE

Domestic Financial Repression
and International Financial Power

全球金融中的中国

国内金融抑制与国际金融权力

［德］桑德拉·希普（Sandra Heep）◎著

辛平　罗文静◎译

上海人民出版社

丛书总序
解释与理解中国全球角色

在 21 世纪,中国更加奋发有为地参与全球政治经济新秩序建设,以独特的中国智慧和中国方案更加成熟与理性、负责任与建设性地参与构建全球治理新体系,以互利共赢的合作精神和正确的义利观在全球政治、贸易、金融、发展、安全、环境等领域扮演着迥然不同的政治、经济、知识与道德领导新角色,为更加平等与均衡的全球伙伴关系的发展提供更多的公共产品。

然而中国在全球政治经济中也面临着身份认同、议题设置和战略心态等方面的困惑与挑战。如王逸舟教授所言:"中国的全球政治角色(包括对整个人类的政治哲学引导符号)显然不太明晰,它的全球安全目标和策略也不太系统连贯,其对于全球社会和文化领域的作用杠杆更是乏善可陈。"尤其是在当下全球秩序剧变与动荡的时期,中国需要以讲信修睦、协和万邦的胸怀有效地提升全球政治经济治理能力,以解决区域体系、全球体系层面上的需求,从而使中国的全球角色具有更为广泛的社会与政治基础。

本丛书将加强对中国在上述诸多领域中全球新角色的理解与认识,推动中国和平发展与"一带一路"倡议的理论研究与政策实践,服务于国内与国际两个大局的战略统筹与知识建构,尤其是中国特色大国外交。此为策划与出版"中国与全球政治经济丛书"的主旨,即"明时势,长志气,扩见闻,增才智"(张之洞语)。

第一，以政治经济学与中国文化精神的视角解读中国全球角色的新变化，以广泛的理论视野与知识架构较为系统地诠释中国在全球政治经济新秩序及其变革中的定位、角色、战略与政策，而并不是完全停留在对策分析之上，反而更加倚重深刻的理论洞见与厚重的思想维度。

第二，关注欧、美、日及新兴大国在全球政治经济新秩序建设中的定位、谋略及国外学者对中国全球战略及影响的学理分析，既为中国决策者与研究者提供一个更为宏观的政策与知识背景，又为他们提供学习和比照的参照系。

第三，提升中国学者在中国全球角色相关领域的理论分析、对策建议及其在学术话语方面的地位与影响，展现当代中国中青年学者对于上述诸多领域的中国责任、中国角色，乃至中国智慧与方案的解读与剖析，为中国参与全球事务提供必要的智力支撑。

本丛书坚持"中西会通"的原则，秉承兼容并蓄、求真求义的精神，力求真知、真识。"虽有智慧，不如乘势；虽有镃基，不如待时"（郑观应语）。因而我们期待中国在全球政治经济中因时、因势而动，其命维斯，深思谋远，取长补短，刚柔相济，达道达德，也期待给予读者以启示与思索，识微于未著，见机于将蒙，审时度势，揣其本末，洞见本原。

本丛书是中央财经大学国际政治系与上海人民出版社良好伙伴关系建设的有益尝试，因而衷心地感谢中央财经大学与上海人民出版社领导以及学界师长与学友的关心与支持。敬始慎终，期待与同仁志士共同办好这套丛书，为中国崛起与学术振兴贡献一己之力。

以此为序。

白云真

致 谢

　　首先和最重要的是,我要向韩博天(Sebastian Heilmann)表达我的感激之情,感谢他持续的支持、激励和富有启发性的思想以及批判性的反馈。然而,重中之重,我要感谢他一直鼓励我深入研究金融世界。我还要感谢汉斯·摩尔(Hanns Maull)自项目初始就一直给予的支持。此外,我要感谢莱茵兰—普法尔茨州奖学金基金会(Scholarship Foundation of Rhineland-Palatinate,德文:Stipendienstiftung Rheinland-Pfalz)对这个项目最初两年的资助。我也要向克虏伯基金会(Krupp Foundation,德文:Alfried Krupp von Bohlen and Halbach-Stiftung)表达感激之情,它的慷慨资助使我得以驻留于中国社会科学院进行研究。我在北京做访问学者期间,得到了张明(Zhang Ming)的慷慨帮助,他与我分享他的洞见并把我引荐给许多知识渊博之士。我的访谈对象,其中有许多人希望匿名,他们帮助我更为深入地理解了中国金融体系的政治经济体制。我要向国际货币基金组织(International Monetary Fund)的维韦克·阿罗拉(Vivek Arora)表达感激之情,感谢他的热心支持,以此替代对所有访谈者的感谢。返回德国后,我受惠于德国国际政治与安全事务研究所(German Institute for International and Security Affairs,德语:Stiftung Wissenschaft und Politik),它接待我做了访问学者。在该所期间,我从汉斯·冈瑟·赫尔珀(Hanns Günther Hilper)那里获得了许多有关日本政治经济体制的洞见,我非常感谢他的支持。我也要感谢我的同事马库斯·科隆(Marcus Conlé),他从一个经济学家的视角反复挑战我的假设,从而帮助我改进自己的思想。

缩 略 语

ABC(Agricultural Bank of China)中国农业银行

ASEAN(Association of Southeast Asian Nations)东南亚国家联盟

BIS(Bank for International Settlements)国际清算银行

BOC(Bank of China)中国银行

BOJ(Bank of Japan)日本央行

BRIC(Brazil，Russia，India，China)巴西、俄罗斯、印度、中国　金砖四国

CBRC(China Banking Regulatory Commission)中国银行业监督管理委员会

CCB(China Construction Bank)中国建设银行

CCP(Chinese Communist Party)中国共产党

CDB(China Development Bank)国家开发银行

CIC(China Investment Corporations)中国投资有限责任公司

CNH(Chinese Yuan traded in Hong Kong)在香港交易的人民币

CNY(Chinese Yuan)人民币

CSRC(China Securities Regulatory Commission)中国证券监督管理委员会

DTC(Developing Countries and Countries with Economies in Transition)发展中国家和经济转型国家

EU(European Union)欧盟

FDI(Foreign Direct Investment)外国直接投资

FILP(Fiscal Investment and Loan Plan)财政投融资计划

G20(Group of Twenty)二十国集团

GAB(General Arrangements to Borrow)普遍借款安排

GDP(Gross Domestic Production)国内生产总值

GNP(Gross National Production)国民生产总值

HKMA(Hong Kong Monetary Authority)香港金融管理局

IBRD(International Bank for Reconstruction and Development)国际复兴开发银行

ICBC(Industrial and Commercial Bank of China)中国工商银行

IDA(International Development Association)国际开发协会

IMF(International Monetary Fund)国际货币基金组织

JPY(Japanese Yuan)日元

MITI(Ministry of International Trade and Industry)通产省

MOF(Ministry of Finance)财政部

MOFCOM(Ministry of Commerce)商务部

NAB(New Arrangements to Borrow)新借款安排

NAFMII(National Association of Financial Market Institution Investors)中国银行间市场交易商协会

NDRC(National Development and Reform Commission)国家发展和改革委员会

NPL(Non-Performing Loan)不良贷款

ODI(Outward Direct Investment)对外直接投资

OECD(Organization for Economic Co-operation and Development)经济合作与发展组织

OECF(Overseas Economic Cooperation Fund)海外经济合作基金

PBOC(People's Bank of China)中国人民银行

QDII(Qualified Domestic Institutional Investor)合格境内机构投资者

QFII(Qualified Foreign Institutional Investor)合格境外机构投资者

RQFII(Renminbi Qualified Foreign Institutional Investor)人民币合格境外机构投资者

SAFE(The State Administration of Foreign Exchange)国家外汇管理局

SASAC(State-Owned Assets Supervision and Administration Commission)国有资产监督管理委员会

SDR(Special Drawing Rights)特别提款权

SOE(State-Owned Enterprise)国有企业

TIC(Treasury International Capital System)美国财政部国际资本流动数据

目 录

第一章

导　　论

　　自全球金融危机爆发以来,在这些年里,国际金融体系架构已发生了根本性变化。危机引发的经济低迷导致了代价高昂的银行救助行动、大规模的刺激计划以及日益增长的福利支出,这些给发达国家的政府预算施加了巨大的压力,从而使诸多西方国家更依赖外部融资。与此同时,不仅是作为日益重要的全球经济增长发动机,而且是作为被期待去拯救不景气西方世界的国际债权者,许多资本丰富的新兴市场国家已经引人注目。在这些新进展的背景下,国际货币基金组织和世界银行治理结构的改革,给了新兴市场国家在世界上重要的国际金融机构中更大的话语权,从而增强了这些国家在全球金融体系中烙下自己印记的能力。伴随着美元的国际吸引力正因美国的巨大政府赤字和通胀货币政策而受损,以及欧元正处于摇摇欲坠的崩溃边缘,对新玩家(player)而言,发动一场货币攻势和提升本币国际地位的机会窗口已经打开。类似地,发达国家对金融服务业的监管反弹,给这些崛起的经济强国提供了推升其金融市场国际重要性的机会。

　　近年来,中国作为国际金融体系中最重要的新兴国家为世人瞩目。2007年,中国第一次(以此种身份)进入公众视野,当年它建立了主权财富基金,以便通过减持美元的多元化策略和投资于更具风险的资产类别来增加其巨额外汇储备的回报。由此人们注意到这一事实:中国正在进入世界上最大的债权国行列。虽然西方世界最初对中国成为日益重要的国际投资者表现出敌意,因为它们担心这将会增强中国的政治影响力,但在许多面临着更加糟糕的公共财政状况的西方领导人眼中,中国作为债权国的吸引力却日益增加。在发达世界的大部分国家发现它们自己濒临萧条时,中国却因其巨大的金融资源和维持增长动力的经济,而处在争取国际货币基金组织和世界银行内更大投票权的有利位置。因此,仅是在危机发生三年后,中国领导人就在这两个机构中都成功地帮助他们的国家坐上了第三把交椅。作为对全球金融危机的回应,中国在 2009 年开始出台了旨在使本国货币国际化的措施,以尝试减少对美元的依赖。根据这一政策,中国政府同时宣布到 2020 年将上海建成全球金融中心的意图。

中国在国际金融体系架构中日益突出的地位,极易使人想到 20 世纪80 年代日本在全球金融体系中的崛起。正如中国金融影响力的日渐增长一样,日本崛起的金融权力主要源于其成为世界的主要债权国之一(Chin and Helleiner 2008:88)。由于当时日本作为资金提供者的角色日益重要,许多分析家相信日本已取代美国成为世界上最重要的金融力量(例如 Gilpin 1987)。然而,与此同时,其他分析家则注意到了日本货币的纯国内角色和严重制约了本国金融影响力的不够发达的金融市场(例如Strange 1990)。

虽然关于日本金融权力的大小问题在学术研究议程上一直很热门,但没有学术研究去尝试解释日本政治经济体制如何影响该国的金融权力潜能,换言之,为什么日本政治经济体制有利于获取某些方面的金融权力,同时这种体制对其他方面的金融权力而言又是一个阻碍。类似地,到目前为止,也没有学术研究去尝试分析中国政治经济的基本特征对其获取国际金融权力的能力的意义。

在中国的国际金融政策日益积极主动的背景下,近些年学界已经对中国日益增长的金融影响力进行了大量的研究。然而,一方面,这类研究多数局限于分析中国日益增长的金融权力的单个来源,例如该国的债权国地位或者它的货币国际化。因此,这些研究没能提供一个对中国金融权力潜能的体系性评估。[1] 而且,它们一般也没有对金融权力这一概念进行理论解释,因而未能促进我们对不同类型、机制和来源的国际金融权力的理解。[2] 另一方面,对金融权力的理论研究主要关注于美国,而且由此延伸到关注金融权力在新自由主义政治经济体制框架内可能的演变路径。[3]
然而迄今为止,那些不适合放入新自由主义类别的、更具干预主义色彩的
国家获取金融权力的路径,在很大程度上还没有得到这一类研究的关注。

鉴于这些研究空白,本书将发展型国家模式(the model of develop-
mental state)纳入到金融权力的研究中来,目的是以此深化我们对一个国
家的基本政治经济结构与其获取国际金融权力的能力间关系的理解。通
过比较目前中国在全球金融中的角色与 20 世纪 80 年代日本所处的地
位,本书强调发展型国家的定义性特征对于其获取金融权力的能力的意
义。与此同时,本书也关注了中日两个版本的发展型国家模式间的关键
差别,而且分析了这些差别如何影响两个国家的金融权力的潜能。

借鉴查默斯·约翰逊(Chalmers Johnson 1982)具有开创性的发展型
国家的概念界定以及阿瑟·克罗伯(Arthur Kroeber 2011)对日本、韩国
这些发展型国家核心特征的当代阐释,本书认为发展型国家追求全面产
业战略,旨在获取经济快速增长和技术自主以提升国家的国际竞争力。
本书参考约翰·齐斯曼(John Zysman 1983)的著作,着重强调发展型国
家对允许其根据产业政策目标配置金融资源的金融体系的依赖。本书因
此认为发展型国家维持的金融体系具有如下特征:银行贷款比证券更为
盛行,行政设定利率,及确保国民储蓄可用于国内投资的严格资本管制。
由于金融抑制体系对发展型国家政治经济体制具有核心意义,本书试图
促成一个对发展型国家的极简主义定义,根据该定义:发展型国家通过控
制以高国民储蓄率为特点的金融体系内的金融资源配置,来执行全面产
业战略以提升国家的国际竞争力。

根据这一定义,本书认为虽然中国的政治经济体制与日本和韩国这
类发展型国家的政治经济体制之间存在区别,但中国依然应该被视为发
展型国家,因为中国的对全面产业政策目标的追求严重依赖政府对金融
体系的管制。与此同时,通过引入对典型发展型国家(classic develop-
mental states)和工具发展型国家(instrumental developments states)的区
分,本书也注重分析传统东南亚发展型国家(或地区)与中国的政治经济
体制间的最关键差异:典型发展型国家将上述提及目标作为终极目标加
以追求,工具发展型国家为确保统治精英掌握权力的终极目标而接纳这

些目标。

关于金融权力的概念,本书汲取本学科主要学者的洞见,在国家间关系的情境中建立了一个金融权力的分类体系。本书赞同将金融权力定义为一国通过自己与他国间的金融关系影响他国行为的能力,书中对关系性权力和结构性权力所作的区分参考了苏珊·斯特兰奇(Strange 1988)和埃里克·赫莱纳(Helleiner 2006)的著作,并以制度性金融权力这一类型作为上述区分的补充。本书将关系性金融权力理解为一国通过施加金融压力或者提供金融激励直接影响他国行为的能力。结构性金融权力被视为一国通过国际金融体系的结构间接影响他国的能力。制度性金融权力被理解为一国通过国际金融机构有关信贷供给和供给所依赖条件的决定间接影响他国的能力。与斯特兰奇(Strange 1990)和赫莱纳(Helleiner 1989,1992)的著作一致,本书认为,一方面,关系性金融权力主要来自一个国家的债权国地位。另一方面,结构性金融权力被理解为主要基于一国金融市场的国际吸引力和其货币的国际价值储藏功能,而制度性金融权力则被认为来自一国的投票权、该国的资金捐献及其在国际货币基金组织和世界银行中职员和管理层中的代表性。

本书把发展型国家模式引入到金融权力的著述中,由此认为:发展型国家的政治经济体制阻碍了对结构性金融权力的获取,因为其金融抑制体系与能够大规模吸引国际投资者的金融市场发展不兼容。同理,发展型国家也不能够通过把自己的货币确立为国际储备货币来获得结构性金融权力,因为货币国际化在这一方面所需的那种金融市场发展不兼容于金融抑制体系。然而,由于发展型国家的金融抑制体系允许其抵御本币升值的压力,这一体系给这些国家提供了保持经常账户盈余的权力,这是结构性权力迄今为止被研究著述所忽视的一个方面,因为这些文献专注于新自由主义政治经济体制的金融权力的研究。

与上述最后一点密切相关的事实是,发展型国家通常执行出口导向型增长战略,因为其金融抑制体系与"重消费"不兼容。发展型国家的政治经济体制因而也极其有利于获取关系性金融权力,因为出口导向型发展战略带来经常账户盈余,从而将发展型国家转变为净债权国。由于强大的债权国地位,发展型国家不像新自由主义国家那样依赖获取制度性金融权力;新自由主义国家的关系性金融权力往往更为有限,因为它们常常出现经常账户赤字,并且无法在有效程度上凝聚起对金融体系的控制力量。因此,发展型国家的关系性金融权力使得获取制度性金融权力在很大程度上可有可无,因为关系性金融权力和制度性金融权力的运用或许都可以指向相同的目标。

在第二章阐述的理论框架的背景下,第三章分析了日本和中国两个发展型国家金融体系的政治经济体制。这一章表明,中国主要金融机构的国有性质已经赋予了中国政府远远高于日本政府的控制国家政治经济体制的力度,而且使中国政府比日本政府更加免受自由化的压力。

第四章审视了货币国际化的决定因素并探讨了日本和中国本国货币国际化的路径差异。这一章指出,日本政府因担心对国家金融抑制体系的破坏而极力反对日元国际化。然后该章分析了中国在保持国家资本管制的同时促进人民币国际交换媒介作用的战略,认为长期存在的政策实验传统和强烈的民族主义情绪已经促使中国政府选择了这条非正统的路径,虽然基于与日本政府反对日元国际化完全相同的理由,中国政府可能会试图阻止人民币在全球发挥作用。

第五章解释为什么日本和中国这两个发展型国家的政治经济体制会产生专注于通过出口部门实现增长的经济发展模式,并由此把这两国转变为净债权国家。而且,这一章也分析了源于这种债权国地位的关系性金融权力,并关注了中国主要金融机构的国家所有制的运作模式,这种所有制给中国提供了相当高程度的控制国家资本流出的权力,进而又增强了它的关系性金融权力。

第六章聚焦于日本和中国这两个发展型国家针对布雷顿森林机构(Bretton Woods Institutions)的政策。这一章指出,中国仍没有产生与20世纪80年代的日本发展型国家相似的成为意识形态领导者的雄心,因为中国领导人太过于关注保持国内的发展和稳定,而中国因为较低的人均国内生产总值(以下简称GDP)仍必须被视为发展中国家。

对日本的金融体系和国际金融政策的分析聚焦于20世纪70年代早期至90年代末期的各项发展上。20世纪70年代早期是自由化压力开始威胁国家的发展型政治经济体制之时,90年代末期则是亚洲金融危机促使日本在国际金融体系中发挥更积极作用之际。对中国的金融体系和国际金融政策的分析集中在 2007 年到 2013 年间的各项发展上,2007 年中国建立主权财富基金,而 2013 年中期作者为完成该项目不得不设定截止时间。

对日本政治经济体制的分析完全基于对现有学术文献的回顾,而对中国政治经济体制和国际金融政策的分析则大量利用了诸如中国政府官员讲话、中国官方机构提供的报告和统计数据,以及中英文媒体报道等第一手资料。[4]我在以下时期获得了对中国国际金融政策的更深入理解:从 2008 年 10 月至 2009 年 3 月我获得研究基金,在北京的中国社会科学院做访问研究,从 2010 年 10 月到 11 月我对中国的资本进行短期的实地调研;在这两段时间内,我对中外记者、研究人员、政府官员、银行职员以及国际组织和行业协会的代表共 31 人进行了 45 次访谈。

除加深我们对金融抑制与金融权力间关系的理解外,本书还致力于为几个相关研究领域作出贡献。首先,本书致力于阐明塑造中国近年来日益积极主动的国际金融政策的国内因素。其次,本书致力于通过比较的视角提升我们对中国政治经济体制的理解,由于中国的政治经济体制所呈现的独特性,这样的尝试只有非常有限的先例可以追随(Kennedy 2011)。再次,本书致力于深化我们对金融抑制的经济和政治意义的洞察,并关注金融抑制对保持威权政体的重要性。最后,本书致力于重振作为一个研究范畴的发展型国家模式,这对研究拒绝遵循某些新自由主义主要原则的新兴经济强国——中国——非常有帮助。因此,在一个对长久以来主导西方世界的共识出现越来越多不信任的时代,本书尝试为理解替代性政治经济模式作出微薄贡献,这些模式或许会给 21 世纪的全球政治经济体制打上自己的烙印。

注　释

1. 对中国不断增加的外汇储备和日益增强的债权国地位的分析参见:Ma and Zhou(2009),Zhang and He(2009),Wang(2007b),Fung et al.(2007)。对人民币国际化的分析参见:McCauley(2011),Yu and Gao(2011),Subacchi(2010),Dobson and Masson(2009),Murphy and Yuan(2009)。

2. 这一方面值得关注的例外是由格雷戈里·秦和埃里克·赫莱纳(Gregory

Chin and Eric Helleiner 2008)以及丹尼尔·德茨纳(Daniel Drezner 2009)所作的研究。前者在两方面给本书以启迪:通过与日本案例相比较的方式进入中国金融权力这一主题的研究路径,以及应用苏珊·斯特兰奇(Susan Strange 1988)对结构性权力和关系性权力所作的区分。

3. 例如,参见安德鲁斯的论文集(Andrews 2006a)。

4. 所有来自汉语的引用资料已由本书作者翻译成英文。

第二章
金融权力与发展型国家

本章阐发将要指导经验分析的理论框架。为实现这一目的,第一步,本章描述发展型国家政治经济体制的特征。第二步,本章判断中国是否属于发展型国家这一类,然后引入工具发展型国家这一概念来说明中国的政治经济体制与日本和韩国等典型发展型国家的政治经济体制间的关键性差异。第三步,本章建立一个金融权力的分类体系,并概述发展型国家政治经济体制对其金融权力潜能的影响。

定义发展型国家

发展型国家的经典定义是查默斯·约翰逊(Chalmers Johnson 1982)在《通产省与日本奇迹》(*MITI and the Japanese Miracle*)中,对战后日本经济成功的基础进行开创性分析时提出的。[1]约翰逊(Johnson 1982:19)将监管型(regulatory)或市场理性(market-rational)的国家与发展型或计划理性(plan-regulatory)的国家作了著名的区分,讨论了监管型国家"聚焦于经济竞争的……形式和过程",而发展型国家则"给予产业政策最优先级别,即聚焦于国内产业结构和促进能提升国家国际竞争力的结构"。约翰逊(Johnson 1982:24—25)把执行产业政策描述为发展型国家的定义性特征,论证了发展型国家的工业化努力被追赶先进工业化国家的民族主义渴望所驱动。基于约翰逊的著作,这种发展型国家模式在解释第二次世界大战后东亚国家极其成功的工业化过程的学术探讨中发挥着关键作用。

尽管 21 世纪头十年里,约翰逊的模式看似有销声匿迹的迹象,但近些年来许多作者在研究中国政治经济体制时援引了发展型国家这一概念,旨在将中国的发展经验置于比较视野之下(Kroeber 2011;Beeson 2009;Nee et al. 2007;Baek 2005;Tsai and Cook 2005)。在对中国自 20 世纪 70 年代末经济改革开始以来的政治经济体制与日本和韩国等典型东亚发展型国家的政治经济体制所作的比较中,阿瑟·克罗伯(Kroeber 2011)已对发展型国家政治经济体制的最重要特征给出了清晰全面的概述。部分地借鉴了戈登·怀特和罗伯特·韦德(Gordon White and Robert Wade 1988)的思想,克罗伯(Kroeber 2011:45—46)讨论了典型发展型国家的特点,涉及条件、目标、机制以及发展收益等一组特征。

根据克罗伯的观点,发展型国家所依赖的至关重要的条件是高国民储蓄率、高水平教育、公平的土地分配、有效的官僚机构和民族的同质性。他认为,发展型国家"通过全面产业发展"和技术自主"实现快速经济发展"(Kroeber 2011:45)的目标追求具有如下基础:发展型国家对金融资源的控制、不具战略重要性的商品价格市场化、产业公司的私人所有、促进出口和阻抑外国直接投资及消费商品进口。最后,他提出,发展型国家的追赶战略常常导致高经济增长、全面工业化、贸易顺差、不够发达的服务业和效率低下的金融体系(Kroeber 2011:45—46)。

虽然这份全面的特征清单提供了一幅富有启示性的典型发展型国家的图像,但克罗伯提到的所有特点不应被视为同等重要。根据约翰逊的模式,一方面,发展型国家的定义性特征是贯彻旨在增强国家国际竞争力的产业政策;另一方面,国家进行产业决策的能力最为关键的依靠是它对以高储蓄率为特征的国内金融体系的控制,这种控制使国家能够根据其产业政策目标决定金融资源的分配。虽然克罗伯在定义发展型国家时所考虑的其他特征必定在日本、韩国的工业化中发挥了作用,但如果我们想保证这一模式也适用于对其他国家发展经验的分析,那就应该避免这一模式概念的过度延展。因此,在本书中,我们赞同对发展型国家的极简主义定义,根据该定义:发展型国家通过控制以高国民储蓄率为特征的金融体系内的金融资源配置,执行全面产业战略以增强国家的国际竞争力。

一般来说,金融体系的结构对国家政治经济体制的特点具有核心意义,对发展型国家政治经济体制的特点来说尤为如此,这已达成广泛的共识。如西达·斯考切波(Theda Skocpol)(转引自 Woo-Cumings 1999:11)指出的:

> 关于一个国家可能具有的用以实现任何一个它可能追寻之目标的直接或间接手段,[对有关金融资源之问题的]回答都提供了最好的洞见。因为,就一个国家创设或强化国家组织、雇用人员、凝聚政治支持、补贴经济企业和资助社会项目的现有能力(及其当下潜能)而言,该国筹集和部署金融资源的手段所能告诉我们的,超过任何其他单一要素。

至于发展型国家,禹贞恩(Meredith Woo-Cumings 1990:10)明确提出:"金融是纽带,将国家与企业家连在一起。"约翰逊(Johnson 1987:147)也强调了"政府依赖金融和货币手段指导和控制私人活动"在日本、韩国这些典型发展型国家的重要性。然而,对国家金融体系与其执行全面产业战略能力间关系的最全面分析是由齐斯曼(Zysman 1983)在他的开创性分析的《金融体系和产业转型的政治》(*Financial Systems and the Politics of Industrial Change*)中提出来的。[2]

在齐斯曼对金融结构和执行产业政策能力间联系所作的考察中,他区分了金融体系的三种类型:第一种类型是以资本市场为基础的体系,其中企业的长期融资依赖于证券发行。在该体系中,银行的主要功能是提供短期借贷。价格由市场决定,中央银行几乎只关心对货币总量的控制。用齐斯曼的话说(Zysman 1983:70):"这种模式将银行、企业和政府放置在界限分明的不同领域中,它们从各自领域探索出发,并作为自主谈判伙伴相遇。"这种类型的代表是美国和英国的金融体系。

第二种类型是以信贷为基础的体系,由政府管理价格支配。在该体系中,资本市场在企业资金获取上只发挥着非常有限的作用,但它们允许政府为自身融资发行证券。银行信贷的提供因而居于企业融资体系的核心。政府不仅要促进银行借贷和货币创造,而且还要决定重要价格,以此影响经济发展。由于价格的行政安排,该体系中的市场趋于不均衡。因此,为在借贷双方间建立一个平衡,必须进行行政干预。根据齐斯曼(Zysman 1983:71)的观点:"该体系中的议题[因而]就不是政府是否干预以影响金融资源的分配;问题是谁控制过程和如何控制。"于是,"国家与工业的纠缠就成为金融体系的重要部分",而且"公私间的界限变得模糊,不仅是因为政治的安排,而且也因为金融市场的特有结构"(Zysman 1983:72)。这种类型的代表是法国和日本的金融体系。

第三种类型也是以信贷为基础的体系,但它是由独立于政府支持的、数量有限的金融机构来支配,因而具有更少政府干预的特点。在该体系中,"政府没有那种可把分配性选择强加给金融机构的组织运作,因此在体系内也就没有那些用来影响公司的独立工具"(Zysman 1983:72)。[3]然而,银行"可以根据政府与银行业间协商的条件,作为政府的政策盟友发挥作用"(Zysman 1983:22)。这种类型的代表是德国的金融体系。

在阐释这种对金融体系的分类后,齐斯曼(Zysman 1983:76)提出,国家对信贷分配的控制是"所有国家主导型产业战略都必需的单项裁量权",因为这种控制允许国家"持续地进入私人企业的产业生命并且以竞争或者合作的方式影响它们的战略"。为避免误解,这里需要强调的是齐斯曼并不否定产业政策的制定依赖于机制而非对金融资源控制的可能性。国家可以在制定产业政策时动用一系列的措施,包括加强部门的贸易壁垒,引入当地成分要求或者通过税收激励来保护特定产业。然而,一方面,这些措施都要求在个案基础上进行旷日持久的监管,因而允许国家只关注非常有限范围内的问题。另一方面,选择性信用分配的普遍适用性特征允许国家"对一系列问题施加影响而无需开发针对每一具体情况的监管或行政工具"(Zysman 1983:77)。换言之,监管型国家或许偶尔依托于机制而非选择性信用分配介入产业政策的制定,而"发展取向占主导地位的国家"(Johnson 1982:17)如果能够对金融资源分配施加控制,它就仅会追求全面产业战略。

齐斯曼(Zysman 1983:76)不仅关注选择性信贷分配对国家控制私人公司的重要性,而且还指出:"即使对于控制公共企业来说,用于选择性信贷分配的金融工具也给政府提供了一套精致的工具,以辅助对管理层的任命或广义政府政策指令的实施。"由于选择性信贷分配对追求产业政策有着重要意义,齐斯曼进而提出,只有以信贷为基础的、为政府管理价格所主导的金融体系才能让国家贯彻全面产业战略。然而,需要指出的是,一方面,如果金融机构的产权结构允许政府影响它们的贷款决策,那么在以信贷为基础、为金融机构所主导的体系框架内,国家或许原则上也能追求产业政策目标。另一方面,对于为实现产业政策目标而积极影响国有金融机构贷款决策的国家来说,要免于以行政控制利率来确保低成本融资,似乎不太可能。因此,关注如下事实更为重要:以信贷为基础的、受政府管理价格支配的金融体系的特征能够与主要金融机构的国有产权相结合,由此建立起第四种类型的金融体系,该体系允国家对金融资源分配实施最高程度的控制。如之后的章节所示,这种类型的代表是中国的金融体系。

依托这种分析,显然,发展型国家的金融体系属于上述的第二或第四种类型的体系。换言之,发展型国家在追求产业政策目标的过程中为控制金融资源分配,或是依赖于以信贷为基础的、受政府管理价格支配的体系,或是依赖于以信贷为基础的、把政府管理价格与主要金融机构国有产权结合在一起的体系。无论如何,发展型国家金融体系的特征是:银行贷款比证券更为盛行,国家控制利率以确保低成本融资和维持资本管制以确保国民储蓄可用于国内投资。因此,发展型国家依赖金融抑制政策来促进经济快速增长,从而增强民族国家的国际竞争力。

金融抑制概念最先是由罗纳德·麦金农(Ronald McKinnon 1973)和爱德华·肖(Edward Shaw 1973)引入到经济学文献中来描述发展中国家浅薄的金融体系的。二位作者都认为金融抑制是经济增长的严重障碍。麦金农(McKinnon 1973:69)指出,金融抑制减少了投资可用的资金数量,因为利率上限的引入和由此导致的低实际收益促使储户减少"其持有的货币和准货币的数量,以至远低于可能被认为是社会最优水平的量"。同时,他论证了金融抑制限制了潜在的资金接受者的数量,因为利率上限确保了融资仅会开放给绝对安全的借款者或者取决于政治关联,而人口中的大多数"仍然处于金融'抑制'状态,虽然银行向受青睐飞地的信贷扩张是以他们拥有其中重大比例的存款为基础"(McKinnon 1973:70—71)。

就发展型国家而言,引导资金进入被认为具有战略重要性的部门和企业,这有着阻止大量潜在投资者获得资金的效果。然而,与麦金德和肖的分析焦点——浅薄的金融体系不同,发展型国家的金融体系以高储蓄率为特征,这种高储蓄率允许政府以消费者持续处于金融受抑制状态为代价,为产业提供数量充足的投资资金。

中国是发展型国家?

中国是否应该被看作发展型国家的问题,在相关文献中有着不同的回答。学界普遍认为,自 20 世纪 70 年代后期改革开放政策开始实施以来,中国的政治经济体制已显露出日本和韩国等典型发展型国家的某些重要特征。一些学者把行政资源管理视为多种产业政策,甚至提出中国在 1949 年新中国成立之初就已经是发展型国家了(Beeson 2009;White 1988)。与这种观点相反,约翰逊(Johnson 1982)明确地将共产主义的政治经济体制从发展型国家分类中排除。他把共产主义国家描述成"计划意识形态性";与"计划理性"的发展型国家不同,他提出在前一类国家中,"生产资料的国家所有、国家计划以及官僚设定目标不是实现发展目标的理性手段,而是以其自身作为根本价值,不会受到低效或无效证据的挑战"(Johnson 1982:18)。

然而,随着经济改革的启动,中国开始采用更为务实的态度谋发展。为了提升国家的国际竞争力,中国政府持续地制定国家计划并追求全面产业战略。因此中国已呈现出发展型国家的关键特征。四个现代化的计划在 1978 年的正式启动标志着改革时期的到来,中国决策者们已经在这一计划里系统地阐述了实现经济快速增长、全面工业化和技术自主的发展目标(Kroeber 2011:46)。14 年后,邓小平在其著名的"南方谈话"中,强调了政权的发展导向,他提出:"我们的国家一定要发展,不发展就会受人欺负,发展才是硬道理。"(转引自 Kroeber 2011:204, footnote 4)

至于国家计划和全面产业战略的形成,韩博天(Sebastian Heilmann

2011b:33)已关注如下事实:与逐渐放弃战略计划不同的是,"从 20 世纪 90 年代中期至 21 世纪头十年,中国已经恢复了它在经济、社会、技术及环境发展的长期跨部门协调上的雄心"。正如他(Heilmann 2011b:33)所指出的那样:中国的决策者们已设计了"几乎涉及每一个部门的、具有约束力和指示性目标的多年规划,从太空计划、基础设施建设,经由人力资源和教育,到卫生保健、文化生活和旅游"。然而,近 20 年来,中国的发展计划发生了实质性变化。虽然计划最初被认为是"市场的替代物",但在 20 世纪 90 年代初期,计划体系的改革要求计划者们把国内和全球市场的发展纳入思考,并且"以市场为依据和指向进行计划"(Heilmann 2011b:34)。因此,计划与财政货币政策一起被重新定义为宏观经济管理的关键要素,它们旨在促进全面的经济协调。

在追求综合产业战略时,中国主要依赖其对国内金融体系的高度控制,这一体系将政府管理价格与主要金融机构的国家所有制结合在一起。该体系以广泛的金融抑制为特征,允许政府控制国家的金融资源分配,并将其导入被视为具有战略重要性的部门和企业。关于金融部门的作用,中国也因而呈现出典型发展型国家的核心特征。[4]

然而,注意力还要放到中国政治经济体制与日本和韩国等典型发展型国家相区别的特征上来。举例来说,有观点认为,一直以来中国推进经济改革并不仅仅是为了实现快速的经济增长以便让中国成为"富强国家",它也被视为确保中国共产党持续执政和维持政治稳定的手段(Breslin 1996:691)。[5]此外,有人指出,党内政治需求多样、经济决策权力下放以及官僚间的竞争"阻碍了一致且有效的国家经济发展战略的形成"(Breslin 1996:691),并且导致了政府偏好渐进式改变而非全面改革的趋势。[6]

更为重要的是,就中国经济高度国有化这一特征而言,中国不同于其他典型东亚发展型国家。[7]正如克罗伯(Kroeber 2011:50)指出的那样,与转型经济体不同,中国回避了私有化路径,而是代之以放松价格管制和创立竞争性市场。20 世纪 90 年代,中国开始把不具有战略意义的小企业私有化。然而,中国并没有放弃具有战略重要性的部门(诸如金融、基础设施和资源的主要国有企业)的所有权。虽然有着众多在创造就业机会中发挥关键作用的私人企业,但它们的规模非常有限,因而难以施加政治影响(Kroeber 2011:50—51)。[8]

我们必须根据中国与典型发展型国家政治经济体制间的这些差别,来限定我们对中国作为发展型国家的分类吗?虽然中国政治体系中的权力下放和分散有时阻碍了连贯发展战略的规划和执行,但自从 20 世纪 90 年代早期计划体系改革以来,中国已将计划的艺术上升到了一个新台阶,因而它应该被看成是"计划理性"的发展型国家。然而,中国和典型发展型国家的一个重要区别在于,中国的发展计划一直受确保中国共产党对权力掌控的政治优先的影响。国有部门一直在中国政治经济体制中扮演着重要角色。因此,中国政府对本国政治经济体制影响的程度远远高于典型发展型国家,因为它通过"党管干部"制度(nomenklatura)控制国企管理层,这给政府提供了影响国企商业战略的额外杠杆。[9]由于国有部门对保持党对国家政治经济体制控制十分重要,因而全面私有化就不被认为是国家发展计划的一个选项。因此,对照以获取快速经济发展、技术自主和国际竞争力为终极目标的典型的发展型国家,我们应该把中国视为一个为确保统治精英执政的终极目标而接受这些目标的工具发展型国家。

金融权力的分类

在分析了发展型国家政治经济体制最核心特征之后,下面将在国家间关系的情境下分析金融权力的不同类型、来源以及机制。

定义金融权力

为探究发展型国家政治经济体制对其获取金融权力的能力的影响,清晰地定义金融权力的概念是必要的。然而,正如本杰明·科恩(Benjamin Cohen 2001:433)所提及的:"权力的含义……货币学术研究著作对权力含义的理解,并不好于规模更大的国际关系文献。"即使金融权力这一概念在国际政治经济学文献中被广泛使用,但全面的金融权力分类体系是缺失的。因此,下面的部分借鉴了本学科主要学者的洞见来建立一个金融权力的分类体系,该分类体系将引导后面章节给出的经验分析。[10]

与科恩的观点(Cohen 2001:430)一致,本书持这样的观点:国际金融领域"包含国家间货币关系的全部主要特征——资金融通的过程和制度……以及货币本身的创建和管理"[11]。换言之,本书主张国际金融领域包含国际信贷分配的过程和制度,以及国际交易计价货币的分布和价值。

至于金融权力的定义,科恩(Cohen 2001)指出,我们需要在权力的内外两个维度间作出区别。权力的内部维度"对应着作为行动能力的权力的词典定义(dictionary definition)",权力的外部维度"对应着作为控制他人行为能力的权力的词典定义"(Cohen 2011:433)。本书中的金融权力的概念仅指金融权力的外部维度。

根据戴维·安德鲁斯(David Andrews 2006b:8)的观点,外部金融权力"在一国行为因与他国的货币关系而变化时是显见的"。[12]与此理解相一致,本书赞同将金融权力定义为一国通过本国与他国的金融关系影响他国行为的能力。[13]因此,权力被指定为"金融的"条件是行使权力所用的手段和生成权力的来源处于金融领域,而非权力取得的结果属于金融领域。换言之,金融权力被定义为源自金融领域的权力,而不是被定义为应用于金融领域的权力。

关系性、结构性和制度性金融权力

对于建立一个国际金融权力的分类体系来说,回顾苏珊·斯特兰奇在她的全球政治经济学著作中阐发的对金融、生产、安全、知识领域的关系性和结构性权力所作的区分,是有帮助的。[14]由于深信结构性权力在国际体系中变得日益重要,她反对普遍认为的美国霸权衰落的观点。[15]与传统的权力概念定义一样,斯特兰奇(Strange 1988:24)认为关系性权力就是"A使B去做他本来不愿做的事的权力"。与关系性权力相比,她将结构性权力定义为:

> 形成和决定全球各种政治经济结构的权力,其他国家及其政治机构、经济企业和(同样重要的是)科学家及其他专业人士,都不得不在这些结构中活动……简言之,结构性权力是决定事情应当如何做

的权力,是塑造国家与国家之间、国家与人民之间或国家与公司企业之间关系框架的权力(Strange 1988:24—25)。

然而,斯特兰奇认为关系性权力是通过运用直接压力而实施的,结构性权力则更多的是间接的权力形式。根据斯特兰奇(Strange 1988:31)的观点,结构性权力的拥有者——

> 能够改变其他人面临的选择范围,又无须明显地对他们施加直接压力,要他们去作出某一个而非其他的决定或选择。这样的权力是不大"明显的"。如果给予其他人本来不会有的机会,那么他们面临的选择范围就会被扩展。如果施加给他们的成本或风险大于他们本来要面对的,由此使他们在不容易作出某些选择的同时却更容易作出其他选择,那么他们的选择范围可能就受到了限制。

虽然斯特兰奇的结构性权力概念已极大地影响了国际关系理论,但这一概念的高度模糊性是不能否认的。正如古兹尼(Guzzini 1933:456—457)指出的,事实上斯特兰奇的这一概念涉及两个不同的结构性权力概念,但她未对此作出精确区分。根据古兹尼(Guzzini 1993:457)的解释,斯特兰奇既在塑造结构之权力的意义上使用结构性权力的概念,又在源于"国际结构"之权力的意义上使用结构性权力的概念,国际结构"以这样一种方式构建,即其中一些国家的决定被系统地绑定到本国和外国的行为体上,并影响它们的行为"。根据古兹尼的理解,这两种结构性权力的主要不同在于:第一种——间接的制度性权力——是有意向性的,而第二种根据定义则是非意向性的。间接的制度性权力的概念是指一个行为体操控治理全球政治经济的正式规则和非正式习惯的能力,非意向性权力的概念则是指一个行为体施加那些源于自身在某一特定政治经济结构内位置的影响的能力。[16]然而,古兹尼含蓄地表明源于结构的权力仅能以非意向性的方式行使,这一观点不能令人信服。结构上强有力的国家的国内决策或许会对其他国家产生不在预期之内的影响。然而,结构上强有力的国家或许也会根据本国的政策偏好,利用自己的位置蓄意影响他国内部的政策结果。

斯特兰奇使用"结构性权力"术语时既指源于结构的权力又指应用于结构的权力,而本书缩小了这一概念的范围以避免模糊性,只用它指代源于结构的权力。结构性权力的狭义概念如何影响金融领域结构性和关系性权力间的区分，这里可以简要地加以说明。根据斯特兰奇（Strange 1982：81）的观点，美国攫取他国财富的能力是美国结构性金融权力最重要的方面之一。因为这种权力源于美元在国际金融体系结构中作为全球核心货币的角色，所以攫取财富的能力符合我们定义的结构性金融权力。斯特兰奇（1986：55）也指出，由于美国金融市场在国际金融结构中所处的支配地位，美国的金融规制对其他国家的金融规制有着重要的影响。本书把这种塑造金融结构的能力视为结构性金融权力，不是因为它是运用于金融结构的权力，而是因为它是源自国际金融体系结构的权力。然而，形成国际金融规制的能力或许也源于一国作为债权国的地位，这样的位置允许它向其他国家施加直接压力以改变它们的金融规制。在这种情况下，本书将其视为关系性金融权力。另外，塑造全球金融结构的能力或许源于并不处于金融领域的资源，例如军事领域的资源，但此种情况下，本书不认为它是金融权力，而只把它作为军事权力看待。

结构性权力的概念在科恩（Cohen 1977）和科什纳（Kirshner 1995）的著作中也被讨论过。在《把世界货币组织起来》（*Organizing the World's Money*）一书中，科恩（Cohen 1977：56）将"结构性权力"定义为"通过积极地修改互动情境攫取优势的能力"，并将其与"过程性权力"区别开来，后者被理解成"在现存的互动情境范围内攫取优势的能力"。换言之，科恩（Cohen 1977：56）认为过程性权力是"在盛行的游戏规则下获益的能力，而结构性权力是通过修改游戏规则来获益的能力"。因此，科恩将结构性权力理解成运用于结构的权力。另一方面，科什纳在《货币与强制》（*Currency and Coercion*）中区分了"公开的权力"（overt power）（Kirshner 1995：116）和"国家源于体系规则或者依赖的'结构性'形式"的权力（Kirshner 1995：117）。因而，科什纳将结构性权力定义为源自结构的权力。

以上述讨论为基础，本书对关系性金融权力和结构性金融权力作出了区分，把前者界定为一国通过运用金融压力直接影响他国行为的能力，把后者界定为一国通过国际金融体系结构间接影响他国行为的能力。除了这两种权力类型外，第三种金融权力——可以被描述为一国通过国际金融机构的决策间接影响他国行为的能力——将被纳入到下面的分析中。[17]

操控性和非操控性金融权力

正如上文指出的那样,结构性金融权力既可以操控性(或意向性)的方式行使,又可以非操控性(或非意向性)的方式行使。当一国的主要目标不是影响他国的金融决策,而是由于国际金融体系结构的存在对他国产生影响时,结构性金融权力是以非操控性的方式行使。而当一国依据自己的政策偏好,利用它在全球金融体系中的位置蓄意地影响他国国内的政策结果时,结构性金融权力是以操控性的方式行使。像结构性金融权力一样,制度性金融权力也可以操控性和非操控性两种方式行使。当一个国家影响国际金融机构的决策但并不旨在他国实现特定政策结果(achieve specific political outcomes)时,制度性金融权力是以非操控性的方式行使。当一国影响国际金融机构的决策是为了确保在他国实现特定政策结果时,制度性金融权力是以操控性的方式行使。与结构性和制度性金融权力相比,根据定义,关系性金融权力是以操控性的方式来行使的。

科恩(Cohen 2006)和安德鲁斯(Andrews 2006b)所论述的金融权力间的区别,都与操控性与非操控性金融权力间的区别相似。正如我们已提到的那样,科恩对权力的内部维度和外部维度作出了区分,前者对应国家自主权,后者对应国家的权威或影响力。根据科恩的观点,金融领域的自主权意味着某种程度的影响力,因为金融关系在本质上是相互作用的。而国家自主权所蕴涵的这种影响只不过是"权力的一个或然性侧面",其影响是"发散的和无定向的"(Cohen 2006:34)。科恩(Cohen 2006:34)因而提出,这种消极的影响模式需要和传统意义上的影响——"指向于特定国家和运用时有自觉目的"的积极影响模式——区别开来。

相似的观点是安德鲁斯(Andrews 2006b)对货币权力与货币权术所作的区分。安德鲁斯(Andrews 2006b:16)理解的货币权力是一国通过与他国的金融关系来改变他国行为的国家能力,他认为货币权术概念有一个更为有限的含义,指的是"为了影响他国政策而自觉操控货币关系"。安德鲁斯的货币权术概念对应着科恩的积极货币影响模式概念和操控性金融权力概念,而他的货币权力概念则是一个更为广义的术语,包含了科恩的货币自主权概念和他自己的货币影响以及操控性金融权力和非操控性金融权力概念。

金融权力的目标

在把金融权力定义为源自金融领域而非运用于金融领域的权力之后,本书对金融权力的操控性运用进行了区分:靶向金融目标的和靶向非金融目标的。以上所提及的所有类型的金融权力要么是靶向金融目标,要么是靶向非金融目标。对靶向非金融目标的(制度性)金融权力行使最突出的例子之一是 1956 年苏伊士运河危机期间,美国为迫使伦敦从埃及撤军,决定阻碍英国获得国际货币基金组织的储备(Andrews 2006b:7)。[18]

总结:金融权力的类型

本书将金融权力理解成一国通过与他国的金融关系影响他国的能力。它区分出关系性、结构性和制度性金融权力。关系性金融权力是一国通过运用金融压力直接影响他国的能力。结构性金融权力是一国通过国际金融体系的结构间接影响他国的能力。制度性金融权力是一国通过国际金融机构的决策间接影响他国的能力。关系性金融权力从定义上看是操控性的,而结构性金融权力和制度性金融权力既可以操控的方式运用,又可以以非操控的方式运用。权力的操控行使,无论是关系性、结构性还是制度性的,都能靶向金融和非金融目标。图 2.1 给出了金融权力不同类型和次级分类的概览。

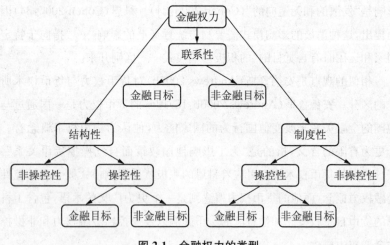

图 2.1 金融权力的类型

关系性金融权力

这几类权力的行使机制是什么？它们产生于什么样的资源？正如上文解释过的那样,关系性金融权力是一国通过运用金融压力直接影响他国行为的能力。然而,关系性权力的行使或许也依赖于金融激励的提供。关系性金融权力行使的主要机制,就激励而言是贷款的提供,就压力而言是贷款的收回、拒绝提供贷款,以及倾销债务国货币以操控其汇率。因此,一国的债权国地位可被视为其关系性金融权力的主要来源(Helleiner 1989，1992；Strange 1990)。赫莱纳(Helleiner 1989:345)指出,决定债权国关系性金融权力大小的变量是该国资本外流的规模和持续时间,国家对这些外流资本的控制程度,以及债权国相对于主要债务国的脆弱性。此外,必须被纳入思考的还有:一个债权国关系性金融权力的大小也受债务国相对于债权国的脆弱性以及债务国汇率机制的性质的影响,债务国对债权国的脆弱性取决于其所拥有的可替代信贷来源(Drezner 2009:18—20)。[19] 为了拥有关系性金融权力可供支配,一国并不必须要做一个净债权国。能够提供国际贷款的净债务国也能行使关系性金融权力。通过行使关系性金融权力,一国或许会试图实现它认为重要的任何政策目标。

制度性金融权力

关系性金融权力的行使是直接的,而制度性金融权力是通过国际金融机构的决策来间接行使的。由于国际货币基金组织和世界银行是目前国际金融结构中最重要的金融机构,一国的投票权、缴纳的资金及其在这些机构雇员和管理层中的代表性是该国制度性金融权力的主要来源(Woods 2003b)。制度性金融权力行使的主要机制是一国在这些机构提供的贷款以及提供该贷款所依赖的条件上面的影响力。如果一国以操控的方式行使其制度性金融权力,则该权力行使的目标通常处于经济利益领域。然而,原则上说,任何政策目标或许都可以通过制度性金融权力的行使而实现。

结构性金融权力

结构性金融权力的概念仅能在考察其不同方面的基础上加以理解。

这部分从对结构性金融权力最重要的方面之一——涉及国际收支不平衡（balance of payments disequilibria）的调整成本——的分析开始。

延迟调整赤字的权力

在结构性金融权力这一方面已作出非常杰出的研究的科恩（Cohen 2006：36）认为，国际收支不平衡调整的持续成本"可被定义为在所有的变化发生后新的收支平衡盛行起来（prevailing）的成本"[20]。这些成本由赤字国承担，因为赤字国的收支平衡的恢复要求"相对于出口数量，要减少进口数量"，这意味着它将"得到两个经济体的合计总产出中的更小份额"（Cohen 2006：38）。因此，赤字国迫切希望尝试延迟调整的过程。一个赤字国能够延迟调整的过程越长，"转由其他赤字国承受负担的压力将越大"（Cohen 2006：42）。

根据科恩（Cohen 2006：42—43）的观点，一国延迟的权力来自于该国的可让其弥补收支赤字的国际清偿能力。一国国际清偿能力的主要组成部分是它的外汇储备和外部借款能力。一国的外汇储备规模越大，其延迟的权力越大。然而，获得外汇储备总是要付出代价的，所以国家通常不追求最高水平而只追求最优水平的外汇储备。外汇储备在大多数情况下是经常账户盈余积累起来的，与之相关的成本就是相对出口而言减少进口。[21]

然而，科恩没有关注如下事实：外汇储备的积累也与冲销成本有关，冲销成本的出现是因为外汇储备积累对通货膨胀的影响必须通过发行国内债务来抵消。由于冲销成本可能是外汇储备积累的一个严重障碍，一国获取外汇储备的能力会受到其控制冲销成本能力的严重影响。这方面最重要的是政府维持低利率和指令国内金融机构购买冲销债券的能力。因此，金融抑制体系的维持极大地支撑了一国获取外汇储备的能力。

科恩（Cohen 2006：43—46）曾指出，一国外部借款能力依赖其金融市场的国际吸引力和外国投资者对它的信誉评估。与外汇储备积累相似，外部借款通常要付出代价。除了必须支付利息外，也有国内货币相对于所借货币贬值的风险，这将会增加借款成本。然而，如果债务国发行全球货币并因此以本币借债的话，就会出现不同的情况。在这种情况下，债务国不仅将汇率波动的风险转移给了债权国,而且它的利息负担也因那些持有它的货币又未将此货币投资于金融资产的外国人而下降。全球货币的发行因而给发行国提供了从其他国家汲取财富的权力,提升了它延迟调整赤字的权力。而且,由于对其国内货币的国际需求,发行国际核心货币的国家会发现它比其他任何国家都更容易在国外借到钱。它延迟的权力,要远远大过通过收支盈余来积累外汇储备的国家的延迟权力;如果后者的盈余转为赤字,那么后者的储备将允许其延迟调整外部的不平衡。发行全球货币的国家的借款能力几乎是无限的,而外汇储备将会很快被花掉,因而其拥有防范国际收支失衡冲击的功能,不会允许一国处于持久的经常账户赤字状态。

延迟调整盈余的权力

科恩(Cohen 2006)对延迟权力的分析明确地指向了赤字国延迟调整过程的权力。他提到,如果盈余国担心与调整过程相连的转轨成本,或许它们也想延迟调整过程。然而,他强调,盈余国延迟调整过程的动机不像赤字国的动机那样大,因为前者不必担心持续的调整成本(Cohen 2006:42)。但如果盈余国因依赖出口导向的增长战略而想要维持盈余,那么它们或许就会有强烈的延迟调整过程的激励。基于此种原因,或许阻碍赤字国恢复收支平衡的盈余国延迟调整的权力,应该被视为结构性金融权力的一个重要方面。这种权力的来源是一国维持固定汇率机制的能力,该机制允许政府阻止本币升值,而这又依赖于一国保持资本管制和抵消固定汇率机制下贸易盈余的通胀影响的能力。[22]换言之,盈余国延迟调整的权力来源,是在浮动汇率机制主导的国际金融结构的情境下对金融抑制体系的维系。

投射宏观经济偏好的权力

斯特兰奇(Strange 1986)和赫莱纳(Helleiner 2006)提出,结构性金融权力也包括一国将其宏观经济偏好投射给其他国家的能力。结构性金融权力这方面的主要机制是一国吸引国际资本的能力,这不仅源于该国金融市场的深度和开放度,而且源于该国货币的国际地位。对于这一方面,斯特兰奇(Strange 1986:22)已注意到这样的事实:"当美国国内货币政策发生转向,并且美国的利率回应了这种政策变化时,其他国家除了调整本国利率和国内政策以适应这种变化之外别无选择,而相反情况从未发生过。"斯特兰奇(Strange 1986:55)所举案例之一是 20 世纪 70 年代后期,美国为对抗通货膨胀,决定提高利率,"高而不稳定的利率随之就强加给了其他国家和世界经济"。此外,宏观经济偏好也可以通过货币锚的功能来投射,因为一个国家选择钉住某种货币而又不能有效实施资本管制时,它将不可避免地引进该货币发行国的货币政策。

塑造国际金融规制的权力

根据斯特兰奇(Strange 1986)和赫莱纳(Helleiner 2006)的观点,塑造国际金融规制的权力是结构性金融权力的另一个重要方面。这种权力来源是一国货币的国际主导地位和该国的金融市场,该市场允许其通过对国内金融体系的规制和放松管制来影响国际规制趋势。自 20 世纪 70 年代以来,美国已经通过国内的自由化措施实施了这种结构性金融权力,这些措施促使其他国家"追随美国的规制榜样,因为它们担心在自由和放松管制的美元市场下失去金融业务和资本"(Helleiner 2006:80)。

诱陷

最后,科什纳(Kirshner 1995)在分析货币诱陷时讨论了结构性金融权力两个重要的方面。科什纳注意到的事实是,大多数国家"领导货币体系的首要动机……是获得诱陷的利益"(Kirshner 1995:117),他将之定义为"参与货币体系所获收益的转化(Kirshner 1995:118)。通过消除因汇率波动而带来的成本从而改变交易成本,货币体系中的成员国身份促进了与主导国的贸易和投资联结。此外,对货币体系的参与创造了一个以主导国货币的价值和稳定性为基础的共同利益,因为成员国通常会持有大量该种货币。根据赫莱纳(Helleiner 2006:80—82)的观点,我们由此能区分出诱陷机制的两个不同方面,它们搭建起结构性金融权力的两个不同方面:一方面,国际货币的发行者通过改变交易成本获得重塑经济地理的权力,另一方面它通过建立对其货币价值和稳定性的依赖而获得重构经济利益的权力。表 2.1 概述了金融权力的不同类型、机制和来源。

表 2.1　金融权力的方面、机制和来源

方面/目标	机　制	来　源
结构性金融权力		
延迟调整赤字的权力	外部借款	国际货币(价值贮藏)
		金融市场的国际吸引力
延迟调整盈余的权力	保持固定汇率机制	保持资本管制
		抑制冲销成本的能力
投射宏观经济偏好的权力	吸引证券投资	国际货币(价值贮藏)
		金融市场的国际吸引力
	提供货币锚	国际货币(记账单位)
塑造国际金融规制的权力	使用核心货币的金融市场的规制	国际货币(价值贮藏)
		金融市场的国际吸引力
塑造经济地理的权力	改变交易成本	国际货币(交易媒介、记账单位、价值贮藏)
重构经济利益的权力	创造对核心货币的价值和稳定性的共同利益	国际货币(价值贮藏)
关系性金融权力		
任何可能的政策目标	提供贷款	债权国地位:
	拒绝、收回贷款	资本外流的规模和持续时间
	倾销债务国货币	国家对资本外流的控制
		债权国对债务国的脆弱性
		债务国对债权国的脆弱性
制度性金融权力		
任何可能的政策目标	影响贷款的提供及条件	对国际货币基金组织和世界银行的影响
		投票权
		缴纳的资金
		在雇员和管理层中的代表性

资料来源:改编自 Helleiner(2006:84),另外还参考了 Drezner(2009),Woods(2003b),Helleiner(1989)。

论 点 预 览

以上述对发展型国家的界定和金融权力分类的阐发为基础,现在可以给出发展型国家的政治经济体制对其获取金融权力的影响的初步解释。由于发展型国家的金融抑制体系与大规模吸引国际投资者的金融市场发展不兼容,这一体系极大地阻碍了该国获取源自金融市场国际吸引力的结构性金融权力。基于同一理由,因为货币国际化需要一个与金融抑制体系不兼容的高度发达的金融市场,所以发展型国家不能够通过把本币确立为国际价值贮藏货币而拓展结构性金融权力。然而,由于发展型国家的金融抑制体系允许其抵制货币升值的压力,这一体系赋予了发展型国家延迟国际收支盈余调整成本的权力。而且,由于其金融抑制体系的使命是通过以消费为代价的全面产业发展促进经济快速发展,发展型国家常常实施出口导向型增长战略,这一战略所带来的巨大经常账户盈余将它们转变为拥有强大关系性金融权力的净债权国。由于发展型国家强大的债权国地位,它们不像新自由主义国家那样依赖于获取制度性金融权力,后者的关系性金融权力往往更为有限。后面的章节将对日本、中国这两个发展型国家金融体系的政治经济体制进行细致的描述,从而可以更为深入地解释发展型国家的政治经济体制与其金融权力潜能间的关系。

注　释

1. 在此前 20 年,亚历山大·格申克龙(Alexander Gerschenkron 1962)阐述过类似思想。

2. 齐斯曼(Zysman 1983:75)对作为经济监管者、经济管理者和经济参与者的政府进行了区分,他未采纳约翰逊(Johnson 1982)对监管型和发展型国家所作的区分。根据齐斯曼的观点(Zysman 1983:326, footnote 14),参与型国家与发展型国家间的区别在于前者也许在进行干预时不追求发展目标。因而,齐斯曼把发展型国家视为参与型国家的一个子类。

3. 正如齐斯曼(Zysman 1983:72)曾指出的,第二和第三种类型都与后发的快速发展相伴,而第一种类型则通常出现在早期工业化发展的背景下。根据齐斯曼(Zysman 1983:63)的观点,以信贷为基础的体系与快速的后发经济增长相伴生的原因,是在如此环境中运行的企业需要获取大量的资金以便能够获得高增长率。

4. 白(Baek 2005)也曾强调过"国家控制金融体系"对于"中国被归类为发展型国家"所具有的核心意义。

5. 参见谢淑丽(Susan Shirk 1993)关于中国改革过程的政治优先的详细分析。

6. 相似的论证参见 Kroeber(2011:47)、Beeson(2009:23—24)、Tsai and Cook(2005:50)。

7. 中国的政治经济体制与典型发展型国家政治经济体制的相关差异在于中

国的发展战略主要依赖于外国直接投资对创立有竞争力的出口部门的促进,而典型发展型国家则强烈反对外国直接投资。日本和韩国出口导向的企业集团极大地受益于国家对信贷分配的控制,而中国的金融体系已经被调整以适应支持聚焦于国内市场的国有企业(Kroeber 2011:48,Beeson 2009:27—28,Baek 2005:494)。

8. 相似的观点参见 Tsai and Cook(2005:50—53)。对中国经济所有权结构的分析参见 OECD(2005)。关于国有企业改革过程参见 Helmann(2011a)。

9. 关于中国的"党管干部"制度,请参见 Heilmann and Kirchberger(2000)。

10. 更明确地说,这部分的目标是在国家间关系的情境下,提供一个金融权力外部维度的全面分类体系。

11. 在科恩关于国际金融领域的定义中,他(Cohen 2001:430)吸收了斯特兰奇(Strange 1988:88)提出的"金融结构可以被定义为支配信用可获得性的所有安排加上决定货币兑换条件的所有要素的总和"。

12. 在研究文献中,金融权力和货币权力的概念是同义的。

13. 我们偏向于使用"影响"的概念而非"变化",原因在于一个国家金融权力的运用或许也会阻止另一国改变它的行为。

14. 关于斯特兰奇对结构性和关系性权力所作的区分可参见,例如 Strange (1982,1986,1988,1990)。下面的部分受到了埃里克·赫莱纳(Eric Helleiner 2006)的影响,她也讨论了由斯特兰奇(Strange 1988)、古兹尼(Guzzini 1993)、科恩(Cohen 1977)和科什纳(Kirshner 1995)提出的结构性权力概念间的关系,但得出了不同的结论。

15. 关于霸权稳定论的经典定义参见 Keohane(1980)。

16. 正如赫莱纳(Helleiner 2006:76)强调的那样,斯特兰奇的目的在于提供一个权力定义,该定义不局限于一国拥有的相对另一国的权力,还包括一国影响非国家行为体和市场力量的权力。

17. 制度性权力概念不应与古兹尼(Guzzini 1993)的间接制度性权力概念相混淆,间接制度性权力被定义为运用于结构的权力。为避免误解,这里需要指出的是,由于斯特兰奇对结构性金融权力更为广义的理解,她(Strange 1982)把一国通过国际金融机构决策间接影响他国行为的能力视为结构性金融权力的一个方面。

18. 靶向非金融目标的金融权力行使的多个例子可参见 Kirshner(1995,2006)。

19. 这些观点将在第五章作进一步解释。

20. 科恩(Cohen 2006:46)对延迟调整的持续成本的权力和转移调整的转轨成本的权力作了区分,提出转移权力"非源自金融变量而……源自将一国经济与他国经济区别开来的更为根本的结构性变量",即"每个个体经济开放的程度和适应的程度"。由于转移的权力并不来自金融领域,因而本书对此不作分析。

21. 外汇储备也可以通过外部借款而获得,外部借款带来以利息支付形式存在的成本。

22. 根据蒙代尔—弗莱明模型,一国不能同时保持固定汇率、独立货币政策和自由资本流动。参见 Mundell(1963)和 Fleming(1962)。

第三章

金融抑制与结构性金融权力

在第二章已解释过,结构性金融权力是一国通过国际金融体系结构间接影响他国行为的能力。结构性金融权力的主要来源之一是一国金融市场的国际地位。因为只有自由化的金融市场才有大规模吸引国际投资者的潜能,本书把金融体系自由化作为金融市场国际化的一个先决条件。[1]为评估中国获取结构性金融权力的潜能,本章考察了中国金融抑制体系的政治经济体制以及资本市场在这一体系中的作用。

本章第一部分考察了日本战后金融体系,并分析导致其渐进自由化的压力。第二部分研究中国将上海打造成国际金融中心的计划,并分析其背后的动机。这一部分还考察了中国金融抑制体系的政治经济体制,分析了资本市场在该体系内的作用,并阐明中国资本管制的路径。依托这些分析,这一部分探讨了中国金融抑制体系与结构性金融权力获取之间的兼容性,结构性金融权力源于一国金融市场的国际作用。较之20世纪70年代末期的日本政府,中国是否能更好地保持对国家金融体系的高度控制,第三部分尝试给这个问题提供一个答案。

日本金融市场的自由化

下面将概述日本战后金融体系的政治经济体制,并分析渐进式自由化背后的驱动力,包括政府赤字的逐步增加、金融体系内的结构性变化以及自由化的外部压力。

日本战后金融体系的政治经济体制

日本战后金融体系的特征是为企业融资的银行信贷的重要性压倒一切。股票市场筹集的资金在为产业发展所筹资金中仅占非常微小的比例。而且,由于公司股票主要由银行或者其他公司持有,股票市场不便于从家庭部门筹集资金。债券市场根本无法为企业融资提供另一个替代选择,因为政府把新发行债券的利率固定在人为的低水平上,从而限制了资金供给(Zysman 1983:245)。由于银行存款利率也被政府设定了上限,家庭部门被迫"忍受以人为低利率为表现形式的扩张成本"(Zysman 1983:250)。金融部门的内部竞争因金融体系的高度分散而受到抑制,在这一体系内商业银行严格独立于投资银行(Laurence 2001:106)。

根据伯纳德·埃克莱斯顿(Bernard Eccleston 1986:66)的观点,这一体系的另一关键特点是居民储蓄率高,这不仅源于福利体系缺位和收入不断增长,而且受消费信贷和抵押贷款融资机会缺乏的影响。在此体系中,"国家塑造金融机构的成长以保持储户与投资者分离的状态,由此为国家机构保留了关键的中介角色"(Eccleston 1986:65)。大量的居民储蓄被存留于邮政储蓄体系,政府通过免除其利息税和限制其他金融机构吸收存款的能力来支持邮政储蓄体系发挥作用。邮政体系的储蓄通过财政投资与贷款计划(the Fiscal Investment and Loan Plan,FILP)被导入政策性银行如日本发展银行和进出口银行,这些银行给企业提供符合产业政策目标的金融支持(Eccleston 1986:66—67)。

然而,通过日本政策性银行的信贷分配仅仅是选择性信贷分配的一个更为间接机制的补充。查默斯·约翰逊简明扼要地描述了该机制(Chalmers Johnson 1982:203),他认为这是日本产业体系"最具区别性的特征"之一。用约翰逊(Johnson 1982:203)的话说,这个机制依靠"依赖模式,在此模式中,企业集团从银行借款远超个体公司的偿还能力或者经常远超企业净值,银行又转而从日本央行过度借款"。由于央行发挥着"体系最终保证人"的功能(Johnson 1982:203),所以即使国家银行是私人所有的正式独立机构,央行依然完全可以控制本国这些银行的贷款决定。

正如埃克莱斯顿(Eccleston 1986:66—67)所指出的,这种间接的信贷分配方法调和了政府对商业银行看似矛盾的政策。一方面,它限制了商业银行吸收存款的能力。另一方面,它又鼓励它们大胆贷款给巨型公司——它们的融资支持被视为国家产业扩张的关键。通过日本央行给商业银行提供资金,政府确保了该国的存款能够被政策性银行用来投资,同时还能使商业银行为产业发展提供资金。然而,过去的资金稀缺也使商业银行必须从央行贷款,如果没有日本央行(Bank of Japan,简称 BOJ)提供的额外资金,资金稀缺当时就会阻碍国家产业发展。实践中形成的商业银行对央行的依赖,使国家对银行的贷款决定拥有了巨大的影响力。齐斯曼(Zysman 1983:249—250)因此强调"行政指导的理念……所依靠的不是某种文化倾向而是企业对银行的依赖、银行对政府的依赖"。鉴于国家对信贷分配的影响,无论是企业的过度借款还是银行的过度放贷都不会威胁体系的稳定性,因为"政府对偏好部门中企业福祉的关注被看作是对企业所获银行贷款的含蓄担保"(Zysman 1983:243)。

政府赤字日益增长的影响

1970 年至 1972 年间,日本出现了金融体系改革意愿的第一波信号,当时该国第一次建立起巨大的经常账户盈余。面对这一进展,政府放松了对资本外流的管制并允许日本居民购买外国证券。日本批准外国机构通过在日本发行债券开发日本金融市场。然而,1973 年的石油危机导致日本经常账户大幅赤字,规制再次收紧。不过,石油价格的上涨间接促进了日本金融体系具有重要意义的重构(Emmott 1989:98)。

在 20 世纪 70 年代早期,通胀压力开始威胁日本的经济增长。通胀飙升的主要原因是布雷顿森林体系的崩溃和 1971 年黄金窗口的关闭,这导致了世界经济中货币流通量的大幅增长。这笔新钱中相当大的一部分源于美国,美国不再以固定汇率体系来限制本国的货币政策,而且由此开始采用货币宽松政策来刺激国内需求和强化出口部门的竞争力(Leyshon 1994:123)。

日本对这一新情况的反应是放松货币政策以减缓日元对美元的升

值,以此来保护它的出口产业。用伊藤诚(Makoto Itoh 1990:163)的话说:"日本政府和货币当局采取蓄意的政策立场去促进通胀以减缓'尼克松冲击'对日本出口产业的影响。"然而,日本政府没有料到 1973 年的石油危机强烈加剧了日本经济的通胀压力。因为日本对进口能源的严重依赖,石油价格四倍的增长严重阻碍了日本经济的增长,并导致在 1973 年至 1974 年间日本的国内生产总值下降了几乎 4%。为回应这一危机,日本政府开始执行财政赤字战略(Leyshon 1994:124;Makoto Itoh 1990:164;168)。

直到 20 世纪 70 年代中期,日本一直遵循约瑟夫·道奇(Joseph Dodge)路线并坚持紧缩性的财政政策。1949 年,美国总统杜鲁门(Truman)派遣银行家道奇赴日,以帮助日本政府应对战后早期不断加速的通货膨胀。道奇曾建议日本政府运行平衡预算,后者愉快地听从了他的建议,道奇的那些建议与日本经济增长模式相匹配,因为那些建议确保国家储蓄的使用不会偏离产业发展这一有压倒性优势的目标(Leyshon 1994:124)。

然而,当日本政府面临 20 世纪 70 年代早期严峻的经济危机时,它决定放弃财政紧缩政策。从 1975 年开始,为推动国家经济走出衰退,日本政府开始执行以政府发行债券来融资的赤字导向增长战略,这一战略获得了成功。1973 年,政府负债量只有 13 万亿日元,而大规模刺激计划导致公共债务在 1975 年飞升至 23 万亿日元,到 1980 年则达到 95 万亿日元,因而仅 7 年之内日本的公共债务就从国民生产总值的 11% 上升到 40%(Leyshon 1994:125;Itoh 1990:171)。因此,"就在北美和西欧支持新自由主义而放弃凯恩斯的需求管理理论时",日本政府开始推行凯恩斯的需求管理理论(Leyshon 1994:125)。当北美、西欧国家经历其政策选择"在货币财政领域日益受限于国际金融资本反通胀的惩罚权力"之时,日本相对独立的金融体系"为其提供了其他国家被迫放弃的政策途径"(Leyshon 1994:125)。

政府债券发行量的高速增长对日本当时依然严格管制的金融体系产生了意义深远的影响。由于商业银行被禁止从事证券交易,市场很难吸收政府债券。起初,日本央行介入,购买大部分的债券。然而,这种办法不能持续,因为它带来了严重的通胀压力。随着日本央行从市场撤出,商业银行成为唯一能够购买大量债券的实体,而且它们很快发现自己处于极大的要这样做的压力之下。然而,由于商业银行被禁止从事证券业务,它们也就不被允许卖掉债券(Laurence 2001:118)。正如亨利·劳伦斯(Laurence 2001:118)曾强调的,"在企业贷款需求急剧下降的时期,这种将那些亏损债券纳入到业务中而且无限期地'淹在水下'持有的前景,对银行而言是特别没有吸引力的"。因此,银行要求改革金融体系:允许它们交易与日俱增的政府债券,并允许它们在一直都被排除在外的更为有利可图的领域获得一席之地(Laurence 2001:118)。

1978年,财政部授予银行在公开市场出售政府债券的许可。此外,它还使货币市场自由化以促进银行对购买债券进行融资,并允许银行进行多样化投资组合(Laurence 2001:118)。随着货币市场利率的自由化,行政设定利率体系开始被侵蚀,因为金融机构可以通过把资金转移至其他市场的方式对日本央行强加的低利率作出回应(Emmott 1989:98—99)。为使发行量日增的政府债券能吸引大范围投资者,财政部也开始对债券加息,从而把"当时颇为新奇的资金竞争理念引入日本,这开始打破日本金融市场内的利益均衡,使其从借款人转向储户和投资者"(Leyshon 1994:125)。随着流入政府债券市场的资金数量不断增长,金融体系自由化的内部压力日益增加,因为金融机构试图重新控制被用于为国家预算赤字融资的资金。脱媒水平的不断提升导致金融当局对信贷分配控制的不断弱化,而且提升了市场在决定投资可使用资金的价格上的作用。此外,金融体系脱媒部分的金融革新导致金融衍生工具的引入,这些工具进一步弱化了金融当局对国内金融体系的控制(Leyshon 1994:125—126)。

结构性变化和自由化的外来压力

日本金融体系的自由化在20世纪80年代大幅加速。美国要求日元国际化和日本金融服务业向美国金融机构开放的压力导致了1984年《日元—美元协定》(Yen-Dollar Agreement)的签署,此后日本金融体系经历了戏剧性的变化。[2]然而,日本屈从于它最重要盟友的压力的主要原因是该国的决策者们明确意识到了国内经济的结构性变化,这些结构性变化需要金融体系的自由化。除 20 世纪 70 年代不断增长的政府债券外,源于日本经济快速增长的两个主要结构性变化使现存体系处于压力之下:对更加多元的金融服务的需求和企业对来自留存收益的内部融资的更大依赖性,前者伴随因经济增长而大幅增长的家庭财富,后者降低了企业对银行的依赖程度(Laurence 2001:117)。迈克尔·莫兰(Michael Moran 1991:101)说道:

> 在经济的成功产生了可用于投资的企业利润,以及实际收入水平的不断上升壮大了个人储蓄量之时,战后资本短缺时代生成的国家支持、银行主导的简单的金融结构让位给了更为复杂的模式。

比尔·埃莫特(Bill Emmott 1989:103)曾指出,外来压力在这种背景下是有益的,"因为可以利用它来规避国内改革的反对派:它是一个借口而不是决定性的力量"。

日本在《日元—美元协定》内的承诺包括放宽外国金融公司进入本国金融市场的准入和许可对方交易政府债券及参与信托银行业务。日本也同意建立一个银行承兑汇票市场,同意消除外汇交易管制,以及"制定一个模糊的银行存款利率进一步自由化的计划"(Emmott 1989:102)。然而,改革最重要的部分是对日本和外国公司在欧洲市场上发行日元债券采用更宽松的规则,这一步极大地改变了日本的企业融资体系(Emmott 1989:102)。

为了确保对信贷分配的控制,日本政府曾经决心阻止企业债券获得与贷款进行激烈竞争的能力,因而通过对债券抵押品和发行批准设立极其严格的规则来阻碍债券市场的发展(Emmott 1989:108)。这一体系受侵蚀的第一个信号出现在 20 世纪 70 年代,日本对海外筹集资金的限制被逐步解除,日本公司在欧洲市场发行的债券数量逐步增大。日本公司在海外市场筹集的资金总量由 1973 年的 150 亿日元跃升至 1982 年的 1 426 亿日元,占日本企业通过发行证券筹集资金总量的约三分之一(Laurence 2001:121)。[3]

随着对内部融资依赖的逐渐增长,日本企业开始感到对银行的依赖在减少并开始搜寻在国外可找得到的更为廉价的融资机会。随着日元债券在欧洲市场发行规则的自由化,变革步伐也显著加快(Emmott 1989:108)。从 1984 年到 1987 年,日本企业从海外市场筹集到它们证券融资的一半资金(Laurence 2001:121)。然而,虽然海外市场的重要性与日俱增,但日本企业证券的所有权仍极大地保留在日本储户的手中,因为他们购买了日本企业海外发行大部分的证券(Emmott 1989:109)。正如劳伦斯(Laurence 2001:122)曾强调的,"日本借款人采用的退出行动在说服财政部必须将日本国内市场自由化中起到了关键的作用",因为财政部官僚担心日本的金融服务业将完败于更富竞争力的海外金融中心。

美国在达成 1985 年《广场协议》(Plaza Agreement)的相关谈判中给日本施加压力,进一步加速了《日元—美元协定》对日本金融体系发展的影响。作为《广场协议》的一个后果,日元升值到了出乎预料的水平,仅在 7 个月内就从 240 日元兑 1 美元上升到 170 日元兑 1 美元(Leyshon 1994:130)。为缓和《广场协议》后的日元升值,日本央行大大放松了国家货币政策(Helleiner 2000:234)。此外,在达成 1987 年《卢浮宫协议》(Louvre Accord)的相关谈判中,美国和七国集团其余成员国向日本施压,要求日本将利率维持在低于其他国家利率的状态,以便刺激日本经济并由此促进日本与七国集团成员国经济关系的再平衡(Leyshon 1994:131)。

用莱申(Leyshon 1994:132)的话说,金融体系行政管制自由化和利率受抑状态的结合"酿成了一杯令人兴奋的烈酒"。爆炸式的信用创造随之而起,源源不断流入日益具有投机性的投资中,从而极大地改变了日本金融市场的性质。日本国内中介经手的资金总量,在 1975 年至 1984 年间年均为 59 万亿日元,而 1985 年至 1990 年间年均增加一倍多,达到 123 万亿日元。新资金的洪流推高了日本金融市场的市值,并使其跃入世界最大金融市场行列(Leyshon 1994:132)。到 20 世纪 80 年代末,日本股票市场已占全球股市市值的 44%,而美国股票市场仅占 30%。东京债券市场年交易量已超过纽约,而日本外汇交易市场日交易量甚至差一点就可以与纽约相匹敌(Helleiner 1989:353)。

同时,新的金融衍生品市场在东京得到了发展,"它们先是作为证券投资的对冲工具被使用,接着被用于纯粹的投机性投资"(Leyshon 1994:

132）。过度的信用创造和金融创新允许日本企业"将风险管理战略转变为自身的赚钱行动"，以弥补出口下降导致的利润损失（Leyshon 1994：133）。随着传统工业客户日益转向在国际债务市场上寻找可替代融资来源，日本银行开始寻找能帮助它们保持资产快速增长的新借款人。最终它们发现自己把资金提供给了越来越多的投机性投资（Leyshon 1994：133—134）。

当 1987 年 10 月全球股票市场的崩盘仅仅温和地影响了日本的金融市场，并且日本财政部采取措施成功稳定了海外市场时，日本似乎已经确立了自己的主要国际金融强国地位（Helleiner 1992：427）。然而，在 1989年，日本央行开始收紧货币政策，试图向本国日增的资产价格通胀开战，日本金融市场的繁荣突然终结。日本金融泡沫破灭最显著的标志是东京证券交易所的日经指数在 1989 年至 1992 年间跌落了一半以上（Helleiner 2000：232）。更高的利率减弱了新债券发行的吸引力，日本债券市场市值因此下跌（Leyshon 1994：126）。由于股票价格和资产价值下跌，日本金融机构巨大的资本基础开始受到侵蚀，这迫使它们减少海外行动的次数。随着日本金融机构从国际金融市场撤退，日本外汇市场交易量显著下降，从而揭示出日本金融市场的国际化在何种程度上是由该国金融企业海外行动所致（Helleiner 2000：233）。在泡沫破灭导致巨大经济危机背景下，"体系自由化的问题被更为紧迫的损害控制问题所取代"（Laurence 2001：144）。

中国金融体系的政治经济体制

下面的部分聚焦于中国金融体系的政治经济体制。这部分简要概述了中国将上海打造成国际金融中心的官方计划的背景，接着分析了中国的金融抑制体系和资本市场及其资本管制在体系内的作用，并以对中国金融体系与获取结构性金融权力之潜能的兼容性思考作为结束。

将上海打造成国际金融中心

2009 年 3 月,在世界继续应战全球性金融危机之际,中国国务院宣布了一项计划:到 2020 年将上海打造成与中国经济力量和其货币国际地位相适应的国际金融中心(State Council 2009)。根据这一蓝图,外国投资者将逐渐被批准进入上海金融市场,而且外国企业将被允许发行以人民币计价的债券,并在上海证券交易所挂牌。

虽然世界对中国宣布建立国际金融中心这一雄心勃勃的目标感到惊讶,但上海市在中央政府最终给予祝福之前已为这一目标努力了二十几年。从历史的角度看,上海一直在中国金融体系中发挥着至关重要的作用。上海不仅在改革开放后发展成为中国主要的金融中心,而且其引以为豪的是,在 1949 年新中国成立之前上海就已经是亚洲主要的金融中心。

恢复上海往昔金融荣耀的计划可追溯至 1992 年著名的邓小平"南方谈话"之行,在此期间,邓小平表达了他对上海重获以往在国际金融体系中地位的愿望。同年举行的中国共产党第十四次全国代表大会通过了把上海转变为经济发展龙头和国际经济、贸易及金融中心的决议。随后几年里,上海市政府制定了若干国际金融中心发展蓝图。然而,国家金融体系的最终决定权在中央决策者手中,上海的官员们因此并不能做主解决城市雄心所面临的严重障碍。他们不能处理中国金融体系自由化与国际化的关键议题,只能关注市场规模的扩大和基础设施建设(Xu 2009)。

暂且不说区域的抱负,我们必须自问为什么中国领导层会在国际金融一体化缺陷为世人瞩目的全球金融危机鼎盛时期接受中国金融市场国际化的目标? 问题的答案是此次危机暴露了中国经济增长模式的危险。在经济改革过程中,中国已经采用了严重依赖出口部门的增长模式。在 1978 年改革开放初期,中国出口额仅占国内生产总值的 6.6%,但是当 2007 年美国爆发次贷危机时,中国出口额占国内生产总值的比例已经上升至 38.4%(参见图 3.1)。进入 21 世纪后,中国的出口额开始更为迅速地增长。从 2000 年到 2007 年,中国每年出口增长率的均值为 24%(参见图 3.2)。就这些令人印象深刻的增长率来说,中国严重依赖美国的过度消费。然而,当危机阻碍了美国居民支出时,显而易见的是,中国出口在未来几年的增长将要大幅放缓,由此会损害中国政府在"十一五"期间(从 2006 年到 2010 年)维持国内生产总值年均增长率 7.5% 的官方目标(Xinhua 2006)。

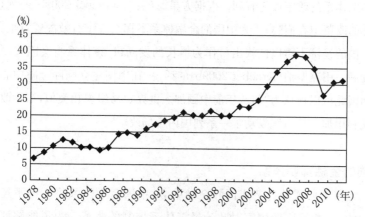

资料来源:World Bank:World Development Indicators。

图 3.1　中国商品与服务的出口(占 GDP 的百分比)

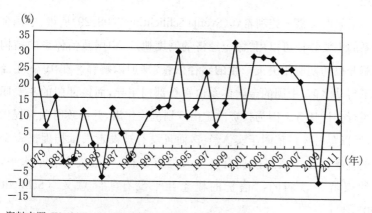

资料来源:World Bank:World Development Indicators。

图 3.2　中国商品与服务的出口(年度增长百分比)

在短期内,中国的决策者们采用大规模刺激计划应对经济大幅放缓的风险。然而,从长期来看,很有必要找到生产率增长的国内来源,这一来源能够替代出口在中国改革开放头十年所扮演的角色。阿瑟·克罗伯

（Kroeber 2009b）由此认为，将上海打造为国际金融中心的蓝图，可以被理解为以改善资本配置并由此提高经济体生产力为宗旨的国家金融体系自由化的一种尝试。在这种意义上，方星海——时任上海市政府负责执行该计划的办公室的主任，指出把上海市打造为国际金融中心对中国国内金融体系的改革极为有利。根据方星海（引自 Kroeber 2009b）的观点，这样的改革迫在眉睫，因为中国的金融体系不那么善于有效配置资金，一旦中国的经济不再以依赖出口作为增长的发动机，该体系将会阻碍中国的发展。用克罗伯（Kroeber 2009b）的话说，在中国建立国际金融中心的计划因此可以被认为"与八年前中国加入世界贸易组织相类似，当年改革者就利用加入该组织发动了一系列国内市场改革"。

中国的金融抑制体系

为将上海成功打造成国际金融中心，中国金融体系将不得不经历重大的、会严重削弱国家对政治经济体系控制的改革。为了能够评估金融体系自由化的影响，接下来的部分要考察中国金融抑制体系的特点。

正如斯文嘉·施利希廷（Svenja Schlichting 2008：29）所说，中国金融体系的主要特征可以用"命令经济的制度遗产，中国政治体系的结构与改革开放初期所作决策产生的路径依赖"来加以解释。在 1978 年经济改革启动之前，中国的金融体系由银行部门主导，而该部门的主要职责是履行会计任务。因为投资决定由规划机构作出，并由政府预算提供资金，所以金融体系依附于实体经济，而且没有被设定去承担促进资金融通的任务。由于政府既拥有企业又拥有银行，并且决定利率水平，预算约束就是软弱的，"信贷的概念几乎没有实际意义"（Schlichting 2008：30）。

当中国的决策者踏上经济改革之路时，他们选择的不是急剧地打破计划经济结构，而是采取许了允许国有企业维持它们在经济中主导地位的渐进式改革方式。这一决策产生于领导们"确保稳定、保障就业与保证持续控制生产"的决心（Schlichting 2008：31），它需要高度控制旨在确保向国有企业提供廉价融资的金融体系。出于这个原因，利率维持行政性控制。而且,中国政府很注意防止资本市场发展成为在政府控制之外的替代性的资源配置结构。国有企业融资"从无成本的预算拨款转变为生息的、应付还的贷款(Naughton 2007:453)"的结果就是大量的不良贷款在银行体系中产生并使其负担至今。

20 世纪 80 年代,主导计划经济金融体系的独家银行被拆分成四家国营商业银行,即中国农业银行(ABD)、中国银行(BOC)、中国建设银行(CCB)和中国工商银行(ICBC),这些银行持续支配着中国的金融体系直至今日。与此同时,中国人民银行(PBOC)开始转型,成为一家中央银行,这展示出中国逐渐增加的与发达国家对应机构的相似性(Naughton 2007:455)。20 世纪 90 年代,为使商业银行剥离其提供软贷款以配合国家产业政策的任务,三家政策性银行成立,但这些机构的设立没能较大地改变商业银行与国家的关系(Schlichting 2008:55)[4]。

亚洲金融危机爆发后,中国的领导人开始处理国有商业银行即"四大行"的问题,这场危机让他们意识到源自虚弱金融体系的危险。从 1998 年开始的第一个尝试是强化银行的资产负债表,致力于将不良贷款转移给资产管理公司(Naughton 2007:461—464)。2004 年至 2010 年间,中国进行了第二轮的改革,分三步走:第一步,"四大行"通过注入外汇储备重组资本;第二步,把它们改组为股份制公司,由中国人民银行的子公司(中央汇金投资公司)和财政部拥有,以及向国外战略投资者出售股份。[5]最后一步,这些银行都在香港或上海股票交易所上市。然而,中国政府一直持有构成中国金融体系心脏的"四大行"的多数股权,并且由此通过对以"党管干部"体系为基础的银行高级管理层的影响,来确保其对资金分配的控制(Schlichting 2008:56—57)。

虽然中国国有商业银行的改革弱化了政府在中国政治"正常模式"中对信贷分配的控制,但是国家在政治"危机模式"中的控制并没有减弱(Schlichting 2008:216—218)。[6]这一点在全球金融危机爆发后显而易见,那时中国政府命令"四大行"执行国家刺激计划并为抵御严峻的经济下滑威胁而大量放贷。而且,"四大行"持续把大部分资源提供给国家领导人认为具有战略重要性的国有企业,由此在国家战略发展规划实施中扮演着关键角色。由于银行体系是为经济中的国有部门而设计的,所以私人企业只有非常有限的途径获取贷款。因此,非国有企业严重依赖替代性的融资渠道,这些渠道存在于中国持续增长的影子银行体系。[7]

巴里·诺顿已经强调(Barry Naughton 2007:451—452),改革政策开始实施以来,中国的金融体系已被极大地加深。与此同时,它的范围依旧非常狭窄,因为它持续被银行部门支配着。[8]2012年末,中国的各银行持有国家金融资产的78%(参见图3.3)。同时,"四大行"拥有银行资产的43%(参见图3.4)。[9]中国的银行也持续控制着该国企业的融资渠道,为企业客户提供了56 410亿人民币的银行贷款。然而,自2005年中国企业债券市场的改革启动以来,企业债产品已经开始匹敌银行贷款的重要性。2012年,企业债的发行量已经达37 370亿人民币,而股票发行则扮演着微不足道的角色(参见图3.5)。

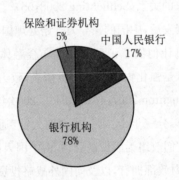

资料来源:PBOC 2013c。

图3.3　中国金融业的资产分布(2012)

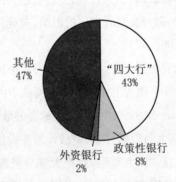

资料来源:CBRS 2013,ABC 2013,BOC 2013,CCB 2013,ICBC 2013。

图3.4　中国银行业的资产分配(2012)

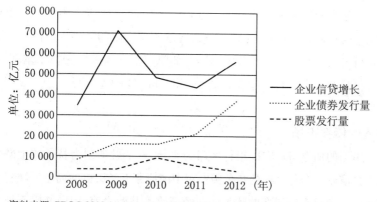

资料来源：PBOC 2013c, n.d.-a, b, c, d, e, f。

图 3.5　中国的企业融资

　　中国金融体系依旧受到严重的抑制，因为银行持续在一个高度保护性的利率框架中运行。20 世纪 90 年代后期，央行开始将国家利率机制自由化。然而，这项政策在 2004 年被叫停。尼古拉斯·拉迪（Nicholas Lardy 2008）认为，停止利率自由化进程的决定可以被认为是对货币冲销成本的一种反应，这种货币冲销成本来源于在中国固定汇率制下持续增加的经常账户盈余。为了冲销其干预外汇市场而产生的通货膨胀效应，央行已经提高了银行的存款准备金率，并强制国有银行购买央行票据。拉迪认为，这两种手段都是给银行强制加税，因为存款准备金的利率和央行票据的利率都低于贷款利率。由于存贷款间的利差有保障，故而这种行为并不损害银行部门的健康发展。然而，如果央行持续推行利率自由化，那就有必要增加支付给准备金和央行票据的利息，以保护好银行的资产负债表。因此，拉迪指出，政府是近些年金融抑制的主要受益者，因为来自存款利率上限的对居民的隐性税收已允许政府去维持被低估的货币。[10]

　　在数年停滞之后，中国央行在 2012 年重新开启了利率自由化的进程，这可能是对全球金融危机发生后已经降临这个国家并伴随着出口部门表现暗淡的经济困境的一种反应。2012 年 6 月，央行将存款利率的上限从基准利率的 100% 提高到 110%。与此同时，央行将贷款利率的下限从基准利率的 90% 降低到 80%。一个月之后，贷款利率的下限更是进一步降到基准利率的 70%（PBOC 2013a）。2013 年 7 月,贷款利率的下限被废除。据报道,央行同时还曾有取消存款利率上限的计划。但由于考虑到这可能给国有银行和经济体中国有部门带来不利后果,国务院阻止了这一更具有实质性的改革措施（Anderlini and Hook 2013）。

中国的债券市场

中国的债券市场在以银行部门为主导、以金融抑制为特征的金融体系中扮演着一个什么样的角色呢? 对中国债券市场历史的简单回顾将有利于我们理解它们现在的状态。在经济改革开始之前,中国并没有证券市场。仅当政府对资金的需求持续增加和有限的税收能力导致政府赤字生成时,通过发行债券为国家预算融资的想法才诞生。财政部于 1981 年发行了第一批政府债券,然而其为了财政目的向中国央行借款一直持续到 1993 年。在 20 世纪 80 年代,国有企业被要求去购买政府债券,因为它们是唯一有足够资金可供支配的实体。债券利息率是行政性设定,参照了央行确定的一年期银行存款利率。作为国家信贷计划的一部分,债券发行可以被认为是一种税收的形式。政府债券的二级市场并不存在,且国有企业被要求持有债券直至到期（Walter and Howie 2011:87—88;Bottelier 2004:6）。

当 20 世纪 80 年代的经济改革促使居民储蓄增加时,数量不断增加的政府债券被直接出售给个人投资者。居民持有债券的利息率略微高于国有企业,这标志着"一个真正市场情形"的存在（Walter and Howie 2011:88）。然而,从 1987 年开始,通货膨胀加剧并且银行被授权主导贷款,这种情形很快就结束了。由于现金被困的居民和国有企业渴望销售债券,一个完全没有监管的二级市场出现了。然而,这个市场很快被中国政府关停,中国政府将债券市场转移至新成立的上海和深圳交易所,以便能够对价格和投资者施加更高程度的控制（Walter and Howie 2011:88）。

20 世纪 80 年代末期,决策者开始对中国的债券市场进行合法化改造,并通过缩短到期时间和提高票面利率的方式尝试增强政府债券对投资者的吸引力。1991 年,第一批自主配售的政府债券出现了。当政府在

1993 年停止从央行借款时,中国证券市场的重要性进一步增强(Bottelier 2004:6)。然而,中国的决策者没有选择持续增强政府债券对投资者的吸引力,反而走上一条不同的路径。在 20 世纪 80 年代,居民投资者已经购买了将近三分之二的政府债券。然而在 20 世纪 90 年代,财政部开始命令银行以略高于快速增加的零售存款一年期利率的利息购买大部分债券——这项安排允许财政部以人为的低利率使用居民存款。当中国的居民投资者在 90 年代中期失去了对股票的兴趣并再次表现出对债券的兴趣时,他们发现他们几乎没有途径进入已经由银行垄断的政府债券市场了(Walter and Howie 2011:103—106)。

1997 年,个人投资者购买政府债券的有限途径被封闭了,因为中国央行命令所有商业银行把它们的债券交易从交易所转向银行间同业拆借市场。在这一决策之后,银行间同业拆借市场成为中国的主要债务市场,由国有银行主导并向其他国有金融机构开放。用沃尔特和豪伊(Walter and Howie 2011:106)的话说,从一个由居民投资者主导的市场向一个由国有金融机构主导的市场转变意味着"债券返回到它们的最初阶段,即国家是其自身投资者的阶段"。

经过数年停滞之后,在 2005 年中国央行通过引入新产品开始改革企业债市场时,中国债券市场的发展才又获得了新动力。中国的企业债券市场一直以来是整个国家债务市场中发育最差的部分。自 1984 年以来,国内企业已经被允许在央行的同意下发行企业债券。在 1993 年,监管权被从央行转给国家计划委员会(国家计委),国家计委收紧了已经存在的配额体系,并仅把发行权授予少数中央所有的国有企业。在这样一个规制环境中,中国企业债券市场不可能走向繁荣(Bottelier 2004:16—17)。

改革企业债券市场意愿的最初征兆可追溯至 2004 年国务院发布的一份文件,该文件强调资本市场的重要性并呼吁它们的进一步发展(State Council 2004)。在此背景下,央行于 2005 年采取行动为中国企业债券市场注入新的生命力。由于深信"如果份额分配、行政审批和政府干预的做法持续下去,那么债券市场的前景将暗淡无光"(Zhou 2006:9),周小川领导下的央行为把短期融资票据或商业票据引入企业债券市场作出了安排。与国家发展和改革委员会(以下简称"发改委")的企业债券不同,这种产品的发行在央行的监督下进行,并不取决于监管机构的批准。发行者只需要有一个信用评级,并在央行注册即可。然而,就和其他债券产品一样,商业票据只能在银行间债券市场中卖给机构投资者,并不出售给普通大众(PBOC 2005)。

三年后,中国银行间市场交易商协会(National Association of Financial Market Institutional Inverstors,NAFMII,简称"交易商协会")——一个在央行主办下成立的行业组织——在中国的企业债市场中引进了3—5年的中期票据。如同短期金融票据,中期票据也是只能在银行间债券市场上交易。发行者不需要申请监管机构的批准,但还需在交易商协会注册(NAFMII n.d.)。随后几年,央行和交易商协会继续使中国企业债券市场中可得到的产品多样化。

2007年,中国证券监督管理委员会(China Securities Regulatory Commission,CSRC,简称"中国证监会")作为中国企业债券市场改革的又一驱动力出现。中国证监会允许上市公司发行可在国内股票交易所交易的公司债券。如同"发改委"的企业债券,公司债券需要获得监管机构的批准。然而,与"发改委"不同,证监会并没有建立配额体系(Anderlini 2007b)。最近几年,新产品的引进已经促使中国公司债券市场显著增长(参见图3.6)。

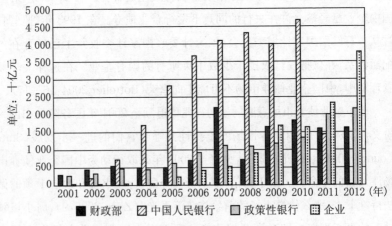

资料来源:China Bond n.d., PBOC 2013c。

图3.6 主要发行者的债券发行量

　　尽管企业债券市场在发展,但是中国的债务市场长期以来在很大程度上由政府机构和国有金融机构的债券发行所主导(参见图3.6)。从2005年开始,国家开发银行(China Development Bank,CDB,以下简称"国开行")发行的金融债券数量一直在增长,作为政策性银行,它主要负责为重大的基础设施项目融资(参见图3.6)。由于国开行不被允许吸收存款,它完全依赖债券市场进行融资。此外,由于中国经常项目盈余的增加和随之而起的在固定汇率制度下为控制国内货币供应而采取大规模冲销措施的必要性,近些年政府债券的发行量已经被短期央行票据的发行量超越(参见图3.6)。央行在2003年开始发行这些票据,当时它并没有足够数量的政府债券供其支配来进行公开市场操作。然而,在储备金增长放缓的背景下,央行于2011年12月暂停了央行票据的发行,并于2013年5月才恢复发行(*People's Daily* 2013)。

　　随着债券发行总额迅猛地从2001年的不到6 000亿元人民币增长到2012年的约75 000亿元人民币,中国债券市场近些年一直在快速增长(参见图3.6)。然而,正如沃尔特和豪伊(Walter and Howie 2011:83—110)所说,中国债券市场并没有在风险定价中发挥作用,因此未能履行真正的市场功能。这种失败的根本原因在于政府对该国银行体系的控制。既然国有商业银行有义务购买财政部发行的债券,那么这些债券的价格就不是由市场设定,而是由央行固定在一个人为的低水平上。因此,二级市场上几乎没有交易活动,因为基于初级市场中人为的低价格,如果银行出售债券,则银行将会承受损失。由于没有一个以市场为基础的政府债券价格,所以也没有一个供非官方发行者定价时参照的基准。在公司债券的初级市场中,价格因而是参照央行决定的一年期存款利率设定的。由于这种做法导致了公司债券人为的低价格,在二级市场上几乎没有企业债券的交易活动。因此,银行常常持有债券直至到期,对债券的处理与其对资产负债表中贷款的处理没有任何不同之处,这就是为什么沃尔特和豪伊(Walter and Howie 2011:91)将中国的债券市场描述为"几乎不加伪装的贷款市场"。

中国的股票市场

　　在一个国有银行的主导地位已经破坏了债券市场最关键功能的金融

体系中,中国的股票市场扮演何种角色? 同样,在这种情形中,简短回顾中国股票市场的历史将会帮助我们理解它们目前的状况。[11] 中国股票市场的发展始于 20 世纪 80 年代,当时寻求新融资途径的企业提出了向公众发行股票的想法。未受监管的股票发行最初被中央政府容忍。然而在 20 世纪 80 年代末期,"中国的散户投资者开始了一段时期的'股票热'"(Walter and Howie 2011:149),以深圳为中心的股票热逐步蔓延到了国家的其他地区,地方政府在中央政府的压力之下进行干预以防止社会动荡。中央政府没有废除新的筹资路径,而是决定以在上海和深圳建立正式股票交易所的方式来规范国家新兴的股票市场,并由此向上海市政府和深圳市政府的愿望让步,这两家市政府在 20 世纪 80 年代末就已经开始建立股票市场机构(Walter and Howie 2011:148—149)。

中国政府决定成立正式证券交易所的动机,源于主要决策者认为股票市场可以支持政府改革经济体中国有部门的努力。他们希望国有企业少数股权的出售会促进这些企业的重组,而更重要的是为这些企业提供一种新的融资来源。按照这一想法,首次公开募股(以下简称 IPO)的获益通常被提交给上市公司或其母公司,而不是国库。在初始阶段,"中国股票市场的发展因此很明确的是国有企业改革进程中的重要部分,而不是独立私人企业的一种替代性融资渠道"(Naughton 2007:469)。

在为首次公开募股作准备时,国有企业的典型做法是将它们的盈利资产转给子公司。当子公司在证券交易所上市时,政府和其母公司持有子公司的多数股权,并且它们的股权不允许在市场上进行交易(Naughton 2007:469)。从 2001 年开始,废除可交易与不可交易股权之间区分的尝试就已经作出,但是直到 2005 年才达成了妥协方案,该方案允许每一家上市公司设计自己的不可交易股权转换计划。这些计划需要公司股东们的同意,股东们通常要求赔偿,因为他们担心不可交易股权的转换将会压低股东价值(Naughton 2007:474—475)。尽管从技术的角度看,大部分股权已被转换,但是监管措施已被采取以确保这些股票的大部分依旧掌握在政府手里。这些措施要求超过一个企业股本 1% 的股票交易要在私下进行而不是在交易所。另外,2010 年还引进了一项 20% 的针对不可交易股本的销售收益的资本收益税。特别是因为这些措施,一大部分的官方转换股权从来没有在市场上交易过（Areddy and Ng 2010）。[12]

而且，国家实体继续在首次公开募股的过程中获得新股权，这让它们从初级市场的定价机制中获利。为了确保上市当日股价的大幅上涨，中国证券监督管理委员会（China Securities Regulatory Commission, CSRC，简称"证监会"）设定了人为的低价格。由于在中国严重超额认购的 IPO 过程中那些获得任一企业股权配置的投资者利益得到了保证，"投资者并没有必要为了达成一个估值判断而去了解企业和企业所在的行业"（Walter and Howie 2011：184）。由于获准参与 IPO 的投资者主要是国有企业，一家国企因其自身股票估值低于市场需求而必须承担的损失却会让其他国企受益，因此国企部门作为一个整体并没有承担损失。正如沃尔特和豪伊（Walter and Howie 2011：187）所认为的，在国家实体中的资本重新分配可以被认为是中国股票市场的核心功能之一。

尽管中国的股票市场自从它们成立以来的 20 多年里增长迅速，并且已经为一些世界上最大的公司筹集了大量资金，但是它们仍然没有发挥股票市场最核心的功能。因为在中国证券交易所上市的大部分公司仍旧由政府持有多数股权，中国的股票市场并未发挥控制公司的市场功能，即使公司遵循市场规律。[13]由于政府的多数股权，在中国证券交易所交易的股权并不代表买入方对企业的所有权兴趣，而且股价也不代表公司价值，而是"反映了市场的流动性和需求"（Walter and Howie 2011：190）。由于这一原因，市价波动与其说是由经济基本面驱动，不如说是由可能影响市场流动性的监管变化所驱动，这就是为什么中国的股票市场被普遍描述为政策驱动型市场。高交易量表明中国的股票市场是有效市场，然而如此之高的成交量只是来源于主要由政府机构控制的过剩流动性。由于金融体系以金融抑制为特征，中国的股票市场和房地产市场是仅有的能够提供真正回报的投资渠道，这就能解释它们为什么充斥着投机行为（Walter and Howie 2011：190—191；Naughton 2007：473）。

中国的资本管制路径

通过坚持使本国在很大程度上与国际金融体系相隔离的资本管制，中国一直以来才能够维持它的金融抑制体系。然而，虽然中国至今仍持续管制资本流动,但是中国的领导人们在过去的 30 多年里已经虑及一些自由化措施。中国资本账户自由化的路径一直具有两个主要特征:第一,同更稳定的直接投资流动相比,不稳定的证券投资流动一直受制于更为严格的管制;第二,监管机制最初不利于资本外流,但是这一机制最近已向一个更为平衡的资本流动管理机制转变(Ma and McCauley 2007:2)。

20 世纪 90 年代早期,中国的决策者开始鼓励外国直接投资(FDI)流入,以促进国家经济发展。[14]在最近的 20 多年里,外国直接投资已占中国资本流入的最大份额。除在一些被划归为战略性的部门存有限制外,中国在制造业领域几乎已经完全实现了外国直接投资的自由化。然而,外国直接投资在服务业领域仍然受制于更为严格的规制,尤其是关于金融服务领域和通信行业(Lardy and Douglass 2011:9)。

当中国政府在改革进程早期为外国直接投资的流入建立激励机制时,对外直接投资(ODI)则长期受制于严格的监管。只是在 1999 年"走出去"政策被宣布之际,中国政府才开始促进对外直接投资,目的是保证国家获取自然资源,提升中国企业的国际化水平,减缓人民币升值的压力,以及放缓中国外汇储备的增长(Lardy and Douglass 2011:9—10)。

与直接投资流动相关政策不同,中国的证券投资流动渠道至今仍是限制重重。2002 年,中国引进了合格境外机构投资者(QFII)计划,允许国外机构投资者投资于一定范围内的国内金融资产。在引进合格境外机构投资者之前,外国投资者只能投资于中国股票市场中无足轻重的、以外币计价的 B 股部分(Lardy and Douglass 2011:10—11;Ma and McCauley 2007:19)。[15]2013 年,此计划下可投入资金总量的配额限量被提升至 1 500 亿美元(Reuters 2013)。

2006 年,中国引进了合格境内机构投资者(QDII)计划,允许中国的企业和居民通过授权金融机构投资于海外证券。在引进合格境内机构投资者之前,非银行的中国居民不准投资于海外证券,而银行也只被允许把它们所持有的美元投资于固定收益证券。合格境内机构投资者投资最初也被限定于固定收益产品,然而产品范围在 2007 年被扩大到了普通股(Lardy and Douglass 2011:11;Ma and McCauley 2007:19)。2012 年底,外汇局已经批准了 107 家机构的总计为 860 亿美元的投资额度(Yu

2013)。

虽然中国对证券投资的规制仍保持高度的限制性,但对这些管制效率的质疑已经出现。正如普拉萨德等人(Prasad et al. 2006:183;192)指出的那样,随着一个国家不断融入全球贸易,资本管制常常变得不那么有效,全球贸易允许国内和国际投资者开拓规避管制的路径。证据显示,在面对强大的汇率压力时维持资本管制是尤其困难的。而且,普拉萨德等人(Prasad et al. 2006:192—193)强调近些年人民币升值的预期已经导致投机资本的大量流入。马(音译)和麦考利的研究显示"中国的资本管制仍保持实质上的约束力"(Ma and McCauley 2007:22),"在中国和世界其他地区之间的资本流动确实对利差和预期的汇率变化作出了反应"(Ma and McCauley 2007:23)。在一个更近的研究中,麦考利(McCauley 2011)证实了这些发现。

最近几年,中国的决策者已经反复讨论了放松本国资本管制允许个人投资者直接进入国际资本市场的问题。2007年,外汇局宣布引进"港股直通车"试点计划,在该计划下,个人投资者被允许通过天津的中国银行的操作来交易在中国香港上市的证券。据监管者说,他们希望这项计划能减缓人民币升值的压力,同时给居民提供更大范围的投资机会。此外,该项计划还旨在减少中国金融体系中正在增加通胀压力的过量流动性。既然这一试点计划没有为资本外流设置上限,那么它将会导致资本账户在一个方向上的事实上的开放(Anderlini 2007a)。[16]

然而,外汇局的公告遭到了其他官僚机构的激烈反对。中国银行业监督管理委员会(简称"银监会")和中国证券监督管理委员会(简称"证监会")声称它们并没有被适当地征求意见,特别反对这一计划,因为它们担心该计划可能导致中国银行体系和股票市场缺乏流动性。因此,外汇局的计划在当年晚些时候就被暂停了。而在2008年,央行行长周小川暗示该计划仍在有序进行中,而且其覆盖面甚至可能被扩大到香港以外的投资目的地(Anderlini 2008c;McGregor and Mitchell 2007)。

在"港股直通车"计划被搁置了三年多之后,温州市在它的网站上宣布了一项类似的计划,即允许居民个人每年在海外证券的投资额达到2亿美元。[17]虽然外汇局并没有公开评论该计划,但人们普遍认为它得到了监管机构的支持。然而,试点项目在运行两周后被外汇局暂停,因为温州的相关部门并没有获准执行该项目(Anderlini 2011a，b；Ma 2011)。

虽然开明的主管机构允许个人投资者直接进入国际资本市场的尝试迄今为止并不成功,但中国为提升人民币在国际贸易中的地位所作的努力已经促进了更进一步的迈向资本账户自由化的试探性步伐,因为中国所做的那些努力已经要求非本国居民更方便地获取人民币计价的金融资产。[18]在 2010 年 7 月,一项试点计划出台,它允许中国的基金管理和证券公司在香港的子公司获得许可后在中国的资本市场上投资离岸人民币。起初被称为"迷你合格境外机构投资者"计划的新试点计划与原来的合格境外机构投资者计划不同,因为后者并不以离岸人民币的投资为目标,而是允许国外机构投资者将外国货币转换为人民币并将其投资于中国的资本市场。2011 年 12 月,证监会发布了规则,在"人民币合格境外机构投资者"(RQFII)项目中允许最初投资于中国资本市场的额度为 200 亿元人民币,可以被投资于普通股的额度上限为总额的 20%(Konyn 2012；Ye 2012；Cookson 2010b)。2012 年末,配额增加到 2 700 亿元人民币。2013 年,该项计划扩大到包括伦敦、新加坡和中国台湾在内的机构投资者(Reuters 2013)。

也是为支持人民币在国际贸易中的地位日益提升,央行在 2010 年 8 月启动了一个试点项目,在该项目下外国央行、进行人民币结算的中国香港和中国澳门的银行及参与人民币跨境贸易结算的海外银行可获准进入中国的银行间债券市场(PBOC 2011c)。此外,当中国的非金融公司被允许在中国香港发行人民币债券时,资本外流的规制也略微自由化了。然而,企业需要从"发改委"获得在中国香港发行债券的许可,并且获得外汇局对所筹集款项汇回大陆的批准(Peng 2011)。在促进人民币国际化的努力中,中国中央政府也在深圳前海湾指定了一块试验区,允许中国香港的银行申请为试验区内企业提供贷款的许可(Yiu 2013)。一年后,上海被指定为又一金融自由化试验的测试地(Barboza 2013)。

尽管有众多的朝向资本账户自由化的尝试性举措,中国中央政府至今仍专注于把中国香港发展为人民币计价资产的离岸市场。它们一直如此尝试着将全球贸易货币的优势和极其封闭的资本账户的益处结合在一起,而这允许中国确保在固定汇率制度下最低限度的货币政策自主权,并且最为重要的是,维持金融抑制体系,这一体系既限制了政府的支出又支撑着经济中的国有部门。

金融抑制与结构性金融权力

中国金融体系的政治经济体制是否与结构性金融权力的获取相匹配?这种权力源于一个国家金融市场的国际地位。基于前述分析,现在可以给出此问题的答案。中国的金融体系由银行业主导,而银行业中最重要的博弈者都是由政府持有多数股权——这种安排允许政府以如下方式引导资本:支持经济中的国有部门并促进产业政策的落实。最大银行的国有制性质和存款利率的行政性上限,不仅保证了国有企业的低融资成本和政府的低借款成本,而且确保了低冲销成本。低冲销成本一直以来能够使国家在面对巨大的经常账户盈余时防止本国货币大幅升值,并且允许其获得数额巨大的外汇储备。这一金融抑制体系一直以来能够使国家通过压制冲销成本来维持固定汇率制度,也使固定汇率制度的维持成为必要。因为该体系没有为消费主导型的经济增长模式留下发展空间,并由此迫使政府促进聚焦于投资和出口的增长战略。

在这样一个金融抑制体系的背景下,拥有重大市场容量的债券市场只有在不给居民提供替代银行存款的投资时才能存在,因为这种替代投资将会导致资金从国家控制的银行部门流出。由于这一原因,中国的决策者们已经确保本国的债务市场主要由政府和准政府机构发行的债券所主导,这些债券可以被人为设置低利率,因为国有银行奉命购买它们。中国的债券市场因此不能在风险定价中发挥作用,而且几乎无法吸引国际投资者。

如同中国的债券市场一样,中国的股票市场并不对中国的金融抑制体系构成威胁,因为它们的主要功能是给经济中的国有部门提供一种额外的融资渠道。由于大量的上市公司由政府持有多数股权,中国的股票市场并不是由经济基本面驱动,而是由政府的决策驱动,这就是它们波动性极大的原因。因此,中国的股票市场缺乏吸引并不希望玩投机游戏的外国投资者的潜力。

中国金融抑制体系的维持不只是依赖对国家金融市场发展的限制，还依赖中国对资本管制的有效保持，这种管制保证了中国的居民储蓄保留在本国的银行体系中。虽然在自由化资本流入的同时保持对流出的严格规制在理论上是可行的，但是只有该国对资金流动的规制能够在任何时候都保证资金的平稳撤出，中国的金融市场才能成为国际投资者的一个主要投资目的地。然而，这样一个监管机制最终将会导致国内储蓄为寻求更高回报而流出，由此破坏中国金融体系的抑制本质。

因为中国金融市场的自由化与其金融抑制体系的维持不兼容，所以只要中国不愿意对其金融体系进行根本性改革，它就无法获得源于金融市场国际吸引力的结构性金融权力。中国的金融抑制体系也会阻止中国通过将本国货币打造成国际储备货币来获得结构性金融权力，因为这也需要中国金融市场的国际化。然而，中国的金融体系已经允许这个政府去控制冲销成本，并因此为其提供延缓调整收支盈余成本的权力。此外，遏制冲销成本的能力已经使得中国积累了大量的外汇储备，这些外汇储备是其关系性金融权力的来源。

中国的金融抑制体系不可能自愿改变，因为这将会导致中国政治经济体制的剧变，进而损害一些最有影响力博弈者的既定利益。然而，尽管可以认为中国精英阶层强烈反对因重组中国金融体系所导致的剧变，但不可否认的是，尤其是在金融官僚中，存在热衷于引进更高程度自由化的改革者。在中国分割式权威体制（fragmented authoritarianism）的背景下，如果这些改革者能够获得许可实现他们的部分抱负，那么中国高层领导人没有预见到的、可能导致中国金融体系剧变的结果或许会随之出现。虽然央行通过个人对外证券投资组合自由化来削弱国家资本管制的计划没有得到认可，但是旨在促进利率机制自由化和改革债券市场的努力却是成功的。或许最重要的是，通过允许央行尝试可控型货币国际化，中国高层领导人可能已经释放出超越政府控制的力量的信号。

此外，中国的政治经济体制可能会受制于将使其金融体系自由化的不可避免的压力。面对近来出口增长的放缓，中国增长模式的可持续性已经受到质疑。为了维持足够高的增长率并由此维持政权的合法性，中国的领导人最终会言行一致，执行一个消费主导型的、与当前金融抑制体系不兼容的增长战略。然而,尽管中国金融体系剧变的可能性从短期来看不能消除,但是我们必须记住,这样一个变化将会引发中国政治经济体制的根本性重构。因此,与当今具有重要关系性金融权力的中国相比,一个具有支配巨大结构性金融权力的中国,可能会被西方世界认为威胁更小。

金融抑制与自由化压力

中国当前金融体系的政治经济体制与日本战后金融体系的政治经济体制有惊人的相似性。如同中国的金融体系,日本金融体系的目的是确保国家通过控制信贷资源分配实施产业政策的能力。它的特征是银行业占主导地位和对资本市场的抑制,就像中国的金融体系一样。为了确保经济中具有战略重要性部门的低融资成本,日本政府也依赖于行政性设定利率,这导致居民被迫承担产业发展的成本。然而,尽管日本政府对信贷配置的控制权源于各银行对日本央行资金供给的依赖,但中国却是通过持续的国有银行体制来确保其控制,这种国有体制允许国家影响银行的贷款决定。

从 20 世纪 70 年代开始,日本的金融体系持续受到自由化的压力,这些压力最初源于持续增加的政府赤字。当政府要求银行吸收它持续增加的债务时,银行并不愿意以持续增加的成本资助政府,由此要求旨在减轻它们负担的改革。为了回应这一要求,日本财政部促进了二级债券市场的发展,首次迈出了利率自由化的实验性步伐,并且在开始通过渐增的债券利率吸引投资者时,将竞争引入金融体系。除这些措施之外,资本管制的自由化和随后海外市场中公司证券发行数量的逐渐增加都进一步削弱了日本的监管控制体系。尽管自由化外部压力的重要性只在于迫使日本政府对早已意识到的结构性变化作出反应,但是美国要求重新估值日元的压力间接地有助于日本进一步迈向自由化,因为日本央行通过宽松货币政策来应对日元升值,该政策推高了日本资本市场的价值并促使金融创新激增。

虽然朝向金融体系自由化的第一步在 20 世纪 80 年代后半期就已经迈出,当时日本成为世界上最大的债权国,但该国的金融体系仍是发达国家中受到最严厉管制的体系之一。因此,日本的债权国地位并不能够与美国的结构性金融权力相匹敌。如果自由化能够得以持续,那么日本就已经获得相当大程度上的结构性金融权力,然而,在资产价格泡沫破裂之后,改革不再是重要议程。当日本的决策者最终于 1996 年着手于一项重大改革战略时,该国经济已经深陷低迷,以至于获取结构性金融权力只有极为渺茫的可能性。

与日本政府的经历不同,中国的决策者至今一直没有遭遇严重的自由化压力。中国不仅能掌控自己的预算赤字,这种能力至少部分来源于如下事实:中国政府一直在很大程度上依赖国有银行的贷款来实现财政政策目标。而且,由于其拥有银行的所有权,中国一直以来不但可以命令银行吸收政府债务,还可以命令银行吸纳央行发行的票据,这使该国在固定汇率制度下保持经常账户盈余。即使中国的财政赤字在未来几年大幅度扩大,也可以由此认为:国家对银行的掌控能阻止严峻自由化压力的累积。与日本不同,中国迄今也避免了大幅度地自由化其资本账户。中国内地公司也因此没有机会把企业融资市场转移至监管相对宽松的境外市场并且由此使政府置身于自由化压力之中,即便允许在中国香港发行债券可能被看作是这个方向的第一步。最后,政治上的独立使中国能抵抗重新估值人民币和允许外国金融机构在其金融体系中发挥更显著作用的压力。

在一个更基本的层面上,国家之间控制信贷配置的不同途径解释了为什么日本面临持续增长的自由化压力,而中国到目前为止都没有遭遇严重挑战。对日本来说,国家的控制来自各银行对日本央行资金供给的依赖,而中国这样的国家则一直通过保持银行的国有性质来确保其对银行的控制。与日本的行政指导体系不同,中国的体系由此并不依靠造成银行和国家金融当局间依赖关系的持续性资金短缺。恰恰相反,在金融资源稳步增长的背景下,它已被证明是可持续的。这些不同途径的更深层原因,可在以日本为代表的一方——典型发展型国家和以中国为代表的另一方——工具发展型国家各自的终极目标中发现：前者追求的最终目标是确保经济快速增长、技术自主性和国际竞争力，而后者仅仅是接受这些目标，其终极目标是确保统治精英对权力的掌控。基于这一原因，就日本而言，当其达到一定程度的发展水平后，对信贷配置的控制失去了重要性，日本政府也因而不会从根本上反对金融体系的自由化。然而，对中国来说，控制信贷配置最终旨在确保中国共产党对国家政治经济体制的持续掌控，这就是为什么许多高层领导坚决反对金融体制自由化的原因。

注　释

1. 另一方面，在国际行为体的参与日益增加这一意义上说，国际化或许有助于自由化。对国际行为体在中国金融体系自由化中作用的分析，请参见Schlichting(2008)。

2. 驱动美国施加压力的动机将在第四章中进行分析。对导致《日元—美元协定》谈判的详细描述请参见 Frankel(1984)。

3. 就像弗朗西斯·罗森布鲁斯(Frances Rosenbluth 1989:57)指出的，《日本外汇与外贸管制法》的修订没有成为重要转折点的象征，因为它"正式认可而不是启动了政策变革。"

4. 三家政策性银行是中国国家开发银行、中国进出口银行和中国农业发展银行。

5. 随着中国主权财富基金的成立，汇金成为中国投资公司的子公司。

6. 中国政治决策中"正常模式"与"危机模式"的区别已由韩博天引入(Sebasitan Heilmann 2004:42—43)。

7. 关于替代性融资渠道对非国有企业的重要性，请参见 Allen et al.(2005, 2012)，Ayyagai et al.(2008)。

8. 根据诺顿(Naughton 2007:451)，M2(一种代表通货加上活期存款及储蓄存款的货币指标)占国内生产总值的比例由1978年的32%上升到2005年的162%，这个比例远远高于大部分其他经济体。同期，居民储蓄存款占国内生产总值的比例从6%上升到77%。

9. 除国有商业银行和政策性银行外，中国银行体系还包括股份制商业银行，股份制商业银行由政府机关、国有和非国有企业及城市商业银行组成的各团体持有，城市商业银行由市政府持有。其他银行类机构如农村信用合作社和外资银行仅发挥着非常有限的作用(Naughton 2007:456—457)。

10. 拉迪(Lardy 2008:2)估计，2008年第一季度对居民存款的隐性税收达到人民币2 550亿元，相当于国内生产总值的4.1%。

11. 对中国股票市场发展的详细描述请参见 Walter and Howie(2003)，以及

Heilmann and Gottwald(2002)。

12. 对这一改革的概述参见 McGuinness(2009)。

13. 近些年,越来越多的私人企业已经在 2004 年启动的深圳中小企业板和 2009 年设立的创业板上市。然而,这些板块的市值依旧只占中国股票市场市值总额极小的一部分。

14. 对外国直接投资在中国资本流入中作用的详细描述可参见 Prasad and Wei(2005)。

15. 除了对外直接投资和在合格境内机构投资者计划框架中的证券投资外,中国的对外资本流动还包括中国的外汇储备投资和中国政策性银行提供的跨境贷款。这些资金流动将在第五章讨论。

16. 据一个受访者所说,对个人被允许投资金额的限制在刚开始时就加以计划,但并没有被明确地传达(第 20 号访谈)。

17. 在现行的货币规制下,中国居民每年仅有 5 万美元的外汇购买额度。

18. 旨在人民币国际化的自由化措施将在第四章进行详尽分析。

第四章
金融抑制与货币国际化

根据第二章构建的框架,结构性金融权力的主要来源是一个国家金融市场的国际地位及其货币的全球作用。第三章已经解释过为什么获得源自金融市场国际作用的结构性金融权力与中国金融体系的政治经济体制是不兼容的。一个国家的货币是否能够发挥显著的国际作用,部分地取决于其金融市场吸引国际投资者的能力,同时也受到其他因素的影响。因此本章将会概述货币国际化的决定因素,在此基础上分析人民币国际化的潜力,进而完成对中国在全球金融中获取结构性权力的潜力的评估。

本章第一部分研究了关于货币国际化的文献,相关文献把对货币价值稳定的信心、开放且深广的金融市场及在全球经济中的庞大交易网络确定为一种货币国际化潜力的主要决定因素。第二部分审查了日本未能把日元确立为全球核心货币的原因。第三部分回顾了中国对美元在国际货币体系中作用的批评,并且概述了中国进行货币国际化的动机。利用本章第一部分确定的货币国际化的决定因素,这一部分接下来评估了人民币国际化的潜力,并在这一背景下,阐明中国政府已采取的促进人民币国际化的政策措施。第三部分以反思中国“可控的可兑换性下的货币国际化”(Subacchi 2010:1)实验作为结束。第四部分比较中日两国货币国际化的路径。

货币国际化的决定因素

接下来的部分概述货币国际化的不同方面,解释货币国际化的经济及政治决定因素,并引入协商货币的概念。[1]

货币国际化的不同方面

正如科恩(Cohen 1971:13—14)指出的那样,我们可以在私人领域和官方领域区分出与国内货币的三种基本职能相对应的国际化货币的三个不同方面。如果货币充当国际交换媒介,那么私人部门可以用它进行国际交易结算,而公共部门可以用它干预外汇市场。如果货币充当国际记账单位,那么私人部门可以用它作为国际货物和金融资产交易的计价货币,同时公共部门可以用它作为表示汇率平价的价值标准或者国内货币可以钉住的货币锚。如果货币具有国际价值贮藏的职能,那么私人部门可以将它作为资产来持有,同时公共部门可以将它纳入外汇储备(Helleiner 2008:355—356;Cohen 1971:13—14)。尽管货币国际化的不同方面也许由不同因素促成,但国际化的每个单一方面都对其他方面有支持作用。因此,货币国际化通常被作为总体加以解释。然而,这并不意味一种货币不可能出现这种情况:即只在上述提及的领域之一具有国际地位,而在其他领域没有国际地位(Helleiner 2008:356—357)。

货币国际化的经济决定因素

有三个公认的促成货币国际化的关键经济因素(Chinn and Frankel 2005;Cohen 2004;Tavlas 1991)。首先,货币国际化依赖于外国人对该货币稳定币值的信心,这种信心主要源于"一份可靠的相对低的通胀及通胀波动的追踪记录"(Cohen 2004:10)及低汇率波动。这一方面对货币充当价值贮藏手段和记账单位尤其重要。其次,促成货币国际化的第二个因素是货币发行国内存在着非常发达且开放的金融市场,这些市场吸引大量的私人和公共投资者。最后，发行国需要在全球经济中保持广泛的交易网络，"因为没有什么比被他人接受的前景更能提高一种货币的可接受性了"（Cohen 2004：11）。因而，一国在世界产出和世界贸易中所占的比重在决定其货币是否将发挥国际作用方面发挥着至关重要的作用。而且，由于网络的外部性与单一货币的国际使用相关联，"一种国际货币能够发挥的全球性作用远超其发行国在世界经济中的比重"（Helleiner 2008：359），并且可能因此使后来者难以获得国际地位。

货币国际化的政治决定因素

虽然货币国际化的关键决定因素本质上都是经济因素，但政治因素在提高货币的国际地位上也会发挥作用。正如赫莱纳（Helleiner 2008：360—366）所指出的那样，我们能够区分出政治对货币国际化之经济决定因素的影响和对货币国际作用的直接影响。就对货币币值稳定的信心而言，安德鲁·沃尔特（Andrew Walter 2006：57）已经指出："对于低通胀货币政策的承诺，在缺少限制该政策使用之制度因素的情况下，是不可能令人信服的。"据沃尔特（Walter 2006：57）所说，这些制度因素"应该包括货币政策被授权给独立央行或居于支配地位的政治选区支持保守货币政策"。更为普遍的是，有限的宪政政府制度有助于增强人们对货币币值稳定的国际信心。

政治因素也影响让货币国际使用具有吸引力的金融市场的发展。正如之前章节中所阐述的那样，非常发达而开放的金融市场与政府致力于全面发展计划的政治体系不兼容。此外，沃尔特（Walter 2006：57）还指出，有限的立宪政府以及优待债权人利益的法律框架，这些条件都是具有国际重要性的金融市场发展的重要先决条件。政治因素也能够影响发行国在全球经济中的交易网络，例如政府是否促进支付清算体系的创立以方便本币的国际使用（Helleiner 2008：362）。

正如赫莱纳（Helleiner 2008：362）所强调的，"货币发行国的国际政治影响力范围或许也会扩展该国的经济交易网络"。相应地，英镑的全球角色不仅来自英国在国际贸易与金融中的主导地位，而且也被"英帝国与日俱增的、分布广泛的官方职务经济活动"进一步提升（Helleiner 2008：

362）。相似地，美元具有的国际核心货币功能不仅是由美国私人海外贸易和投资促成，"而且由美国海外援助、科技支援和军费开支的急剧增长"促成（Helleiner 2008:362）。最后，政治因素也通过发行国经常账户的状况影响国际货币的产生。在一个不兑现货币的世界里，有意实施出口导向战略的国家将无法把货币塑造成主要国际储备货币（Krober 2009a）。

"协商货币"的国际化

如上文所述，政治对于货币国际化的影响不仅仅局限于通过经济因素所产生的间接影响。赫莱纳（Helleiner 2008）提醒我们，在此背景下回顾斯特兰奇（Strange 1971）的国际货币分类是有帮助的。斯特兰奇（Strange 1971）区分出顶端货币、主导货币、协商货币和中立货币，她认为政治在主导货币和协商货币的国际地位中起着至关重要的作用，而顶端货币的支配地位和中立货币的突出地位则主要产生于它们的经济吸引力。根据斯特兰奇（Strange 1971:4）的观点，主导货币是在"帝国或霸权国将自身的货币强加给其他政治实体使用"时产生的，"无论它们是盟国、依附的保护国还是殖民地"。协商货币不是强加给其他国家的，但是也会因为政治而非经济的原因被使用。它们"呈现的特点是发行国需要就其货币使用的条款和条件与其货币使用者进行讨价还价或外交协商"（Strange 1971:4—5），这往往涉及提供军事保护或金融激励措施。然而，协商货币的国际地位不是必须来自显性的协商，而是可以依赖相关国家的"含蓄理解"（Strange 1971:5）。斯特兰奇（Strange 1971）提出协商货币往往是衰退中的货币，赫莱纳（Helleiner 2008:366）则强调说协商货币的特点或许也适用于上升中的货币。

对协商货币的任何分析，都必须既要考虑试图在国际政治舞台维持或建立自己货币的国家的政治，又要考虑接纳该国为货币领导者的那些国家的政治。追随国或许会通过将其纳入外汇储备、使用其作为货币锚或以这种货币结算国际贸易的方式，来影响一种货币的国际地位。此外，"追随国对主导外币在其境内私人使用情况的态度也可能是很重要的"（Helleiner 2008:364）。[2]一个潜在的追随国是否选择支持一个潜在的货币领导者,取决于国内层面、国家层面和体系层面的因素。在国内层面上,与发行国有密切经济联系的私人参与者或许会为降低交易成本而游说支持该种货币。在国家层面上,发行国和潜在货币追随国在政治和经济体制上的相似性会鼓励决策者对于一种货币的支持。也许最重要的是,潜在追随者在国际体系中的安全地位会影响决策者在体系层面的决策(Helleiner 2008:365;Strange 1971:18)。

就潜在货币领导者而言,决策者协商货币地位的决定也同样受到国内、国家和体系层面因素的影响,在决定决策者促进货币国际使用的意愿方面,这些因素或许也通过增强该货币经济吸引力的方式间接地发挥了作用。在国内层面上,经济行为体会为了降低交易成本而进行游说,使本币国际化。另一方面,它们也会因为害怕国家出口部门失去竞争力而反对货币国际化(Helleiner 2008:365)。此外,决策者们也许会选择提高本国货币的国际化地位,试图通过迎合民族主义情绪来吸引国内选民。另外,可能受到本币国际化影响的官僚部门的特殊利益也会影响决策者的决定。在国家层面上,科恩(Cohen 2004:20—24)认为与国内货币政策、铸币税收益、政治象征以及国家间金融力量分配相关的可能的货币国际化后果都会对决策产生影响。最后,在体系层面上,决策者会受到其国家在全球政治经济中地位的影响(Helleiner 2008:365)。

日本推行日元国际化的失败

接下来的部分将分析日本在 20 世纪 80 年代和 90 年代推行日元国际化的路径。这一部分概述了日本在战后早期的外汇管制,然后探讨了《日元—美元协议》对日元国际化的影响,阐明了《广场协议》后的日元国际化并分析了亚洲金融危机后日本对货币国际化态度的转变。

战后早期的外汇管制

战后最初的头几十年间,日本维持严格的外汇管制体系以支持其金融抑制体系,并确保数量有限的外币能够用于买入必需的进口商品(Rosenbluth 1989:53)。经常账户和资本账户的交易都完全用外币进行,日元的使用仅限于纯粹的国内货币使用。在 20 世纪 60 年代早期,当日本的国际收支状况开始改善时,第一波审慎的自由化措施才被采取。日元兑换机制被引入,该机制允许在对外结算中使用日元。与此同时,随着自由日元存款账户(free-yen deposit accounts)的引入,日元对非居民实现了经常账户的可兑换。1964 年,日本接受了国际货币基金组织的条款义务,日元实现了完全的经常账户可兑换。然而,严苛的外汇管制和国内日元与自由日元之间的区分仍然存在,而且日本政府不想去推动日元发挥国际货币的作用(Takagi 2011:75; Kunieda 1995:1)。

到 20 世纪 70 年代,依据日本在世界产出和国际贸易中的份额,它持续的高增长率将日本打造成为一个经济大国。然而,在 1973 年石油危机和日本随后发生收支困难的背景下,日本财政部表示强烈抵制日元国际化,担心日元国际化会使汇率不稳定并由此将日本的经济增长带入危险之中。1980 年,当日本从石油危机中恢复过来并积累了大量经常账户盈余时,《外汇和外贸管制法》才被修正,外汇交易状态于是被从"原则上限制"转变为"原则上自由"。然而,修正后的法律允许政府为管理国际收支、汇率实施必需的管制,因此大量交易持续地受制于监管审批(Takagi 2011:76—77;Kunieda 1995:1—2)。

《日元—美元协议》的影响

直到 20 世纪 80 年代中期,日元国际化进程才获得动力。加速的原因之一是美国施加的要求日元国际化的政治压力,这一政治施压"标志着美国对日本经济发展态度有了令人瞩目的大变脸"(Leyshon 1994:128—129)。在战后头几十年里,美国一直支持日本的经济增长,特别是在 1949 年和布雷顿森林体系解体的 1971 年间允许日元对美元的汇率维持固定不变。然而在日本经常账户盈余不断增长的背景下,美国开始意识到日本正从被低估的日元中获利,被低估的日元在国际产品市场上给日本提供了一个"不公平"的优势。具体来讲:日本金融体系与国际金融架构的隔离使日本保持着较低的利率,这不仅为日本企业提供了资金成本优势,而且鼓励了大量资本外流,资本外流的结果是日元进一步贬值(Leyshon 1994:129)。

因而,在1984年《日元—美元协议》的谈判中,美国竭力推进日本金融体系放松管制,宣称这将使日本的宏观经济条件与其他工业国家的宏观经济条件同化(Leyshon 1994:129)。而且,美国代表宣称日本金融市场放松管制将会增加日元资产的吸引力,并由此导致日元升值(Kunieda 1995:2)。为了推进这些目标,美国也力推欧洲日元市场的自由化,认为离岸日元投资选择的增加,不仅会增加对日元计价金融资产的国外需求并由此提高日元价值,而且也会"在国际和国内市场间增加套利机会,并因此削弱日本对任何在海外有相近替代品的金融工具的人为限制"(Rosenbluth 1989:79)。

在《日元—美元协议》签署后自由化举措出台的背景下,日本的金融市场因该国蓬勃发展的经济、低通胀率和不断升值的货币而吸引了越来越多的外国投资者。而且,在欧洲市场发行的日元计价债券的占比在1985—1990年间翻了一番多。然而,欧洲日元债券绝大多数是由日本企业发行并由日本投资者所购,而债券和股票市场中的外国持有份额依然微不足道。因此日元国际化只获得了有限的动力(Hilpert 1998)。

正如第三章指出的那样,美国施压要求日本金融体系自由化之所以卓有成效,是因为"它改变了日本在改革争论中形成的国内联盟间的平衡"(Moran 1991:111)。在较小的程度上,国内也出现了关于日元国际化相互冲突的态度。更重要的是,日本货币当局对日元国际化议题也产生了越来越多的分歧。传统上,日本财政部和央行都反对日元国际化,因为它们担心这将导致对国内货币政策的限制和日元上行的压力,由此可能会削弱日本政府对信用分配的控制并给本国的出口主导型增长带来危险。然而,在国内金融体系不断自由化和经常账户盈余与日俱增的背景下,一方面,财政部已经开始希望有机会利用日元国际化把更高层次的市场纪律引入到国内金融体系中。另一方面,日本央行坚持抵制日元国际化(Rosenbluth 1989:51—52; 79—80)。

日本央行执行货币政策主要依赖通过贴现窗口向银行提供信贷和干预银行同业市场这两种方式,日本金融体系迈向自由化的第一批举措早就开始使央行的政策执行复杂化了。因为这一原因，央行力推短期政府证券市场的发展，这一市场将允许其进行公开市场操作。然而，日本财政部拒绝屈从于央行的意愿，因为政府债券市场会使对日本日益增长之公共债务的管理变得更加困难且代价更高。此外，财政部不想把重担加于银行，银行担心短期国库券市场将会进一步侵蚀它们的存款基础（Rosenbluth 1989：63—64）。

有观点认为，发展政府债券市场或者更普遍意义上的运行良好之货币市场的失败，是将日元建设成为国际储备货币的主要障碍之一，因为这严重限制了想要投资日元计价资产的外国投资者的选择（Helleiner 2000：241）。然而，尽管日本的主权债务结构一定程度上阻碍了日元国际化，但仅仅是引入政府债券市场还不能抵消如下事实：东京仍然是"世界大金融中心之中管制最严格的"（Moran 1991：105），日本金融市场吸引国际投资者的能力仍非常有限。

《广场协议》后的货币国际化

虽然《日元—美元协议》对日元国际化的影响有限，但美国要求日本支持遏制美国日益增长的贸易逆差，这一压力间接地提升了日元的全球地位。1985 年，美国终于意识到强势美元对美国经常账户状况的影响，开始推动美元贬值。1985 年 9 月，五国集团的财政部长们屈服于美国的压力，同意干预外汇市场以实现美元的可控贬值。作为《广场协议》的结果，日元的价值飙升到意想不到的水平，仅在七个月之内，日元对美元汇率从 240 日元上涨到 170 日元。这种快速升值"导致了从 1985 年起日本金融资本大量外流，因为资金流出，国内流入突然便宜了很多资产"（Lyshon 1994：130—131）。两年后，七国集团达成《卢浮宫协议》试图稳定外汇市场，日本被迫保持低于其他核心国家的利率，以刺激经济并由此进一步降低对美国的贸易赤字。在此协议达成之后，日本流向国外的资本量仍在进一步增长（Lyshon 1994：130—131）。

日元对美元汇率短期内的调整以牺牲日本制造商为代价，但惠及了美国制造商。此前已经变得对日本经济越来越重要的出口，在 1985 年到 1986 年间下降了大约 16%，这导致日本经济增长速度显著放缓（Itoh

1990：177）。在此背景下，当日本公司为了降低生产成本而开始在东亚和东南亚建立新生产基地时，日本出现了一次巨大的海外投资浪潮。日本的海外投资转而又增加了日本银行对投资地的贷款，"因为这些银行在海外追随老顾客"（Katada 2008：402）。日本流入东南亚的援助也大幅增长。结果，以日元计价的债务在诸如印度尼西亚、菲律宾、马来西亚、泰国和韩国等国家达到了一个新高度。20世纪80年代后期，以日元计价的债务开始超越以美元计价的债务，这促使该地区的中央银行增加外汇储备里日元持有量的份额。[3]此外，日本外流至东亚的资本日益增加，这也提高了日元在日本对外贸易中的地位，相当重要的原因是这些外流资本增加了日本的货物进口量，这部分货物是由位于东亚的日本公司为日本国内市场生产的（Helleiner 2000：241—242）。

正如赫莱纳（Helleiner 1992：435，2000：241）所强调的那样，《广场协议》也促进了日本货币当局对日元国际化态度的转变，因为旨在平缓美元下跌的影响而被采用的宽松货币政策和随之而来的泡沫经济使日本政府意识到本国货币依赖于美元的危险性。在这种背景下，在20世纪80年代后期，日本政府官员开始质疑以美元为基础的国际金融体系，宣称支持日元和国际货币基金组织的特别提款权发挥更重要的国际作用。同时，日本央行开始推动富有流动性的短期货币市场的发展来增加日元对非居民的吸引力。虽然日本央行的尝试仍然有限，但"如果日本要推进日元成为国际货币的话，这些尝试标志着日本在一个至关重要的进程中迈出的重要的第一步"（Helleiner 2000：241）。

亚洲金融危机后的态度转变

在1997年亚洲金融危机的背景下，日元国际化获得了进一步的动力。尽管美国坚称这次危机是由亚洲"裙带资本主义"造成的，日本领导人却相信这是由不稳定的资本流动以及对美元的过度依赖造成的。由于实施出口导向型的发展战略，多数遭受危机的国家都曾把本币钉住美元。然而，从20世纪80年代后期开始，它们与日本的贸易变得日益重要。由于美元在1995—1997年间对日元升值了大约50%，这些国家面临着日益增多的收支平衡问题（Katada 2002：89—90；Helleiner 2000：243—244）。

在日本决策者看来,这场危机由此已经提示日本政府注意,"需要确保日益增长的区域内贸易与日益密切的区域内汇率管理相匹配"(Helleiner 2000:243—244)。

正如绍里片田(Saori Katada 2002:90—93)所指出的那样,亚洲金融危机后日本进行的日元国际化尝试受到了经济以及政治因素的驱动。遭受危机国家的经济混乱严重冲击了日本业已萧条的经济,因为这减缓了日本向该地区的出口。此外,由于《广场协议》后日元升值的影响,日本的制造商和银行都极易受到这些遭受危机国家的影响。因此,日本有着强烈的物质激励去促进该地区的经济稳定。然而除这些动机外,日本在地区的经济复苏中还有一个"理念上的利益"(ideational stake)(Katada 2002:92)。日本决策者声称他们已经"通过提供对外援助、直接投资和一种可追随的发展模式"(Katada 2002:92)促进了这个地区的经济成功,他们不想看到这一模式因美国对危机根源的诊断而名誉扫地。因为这一原因,他们必须提供一种与"华盛顿共识"不一致的解决方案,"华盛顿共识"开出的药方是激烈的自由化措施。最后,日本在1996年"大爆炸"式的自由化举措后强化东京国际金融中心地位的决心,进一步增强了日本将日元国际化的渴望(Katada 2002:98)。

从1998年开始,日本的决策者针对加强日元区域地位采取了一系列措施。日本的"宫泽计划"(Miyazawa Plan),旨在支持已遭受经济危机打击的国家,试图通过提供以日元计价的融资促进日元在区域内的使用。而且,日本主动担保以日元计价的主权债券和贷款,因此使"日本援助政策明确地变成了以推动日元国际化作为国家当务之急"的政策(Grimes 2003:60)。此外,日本试图通过在《清迈协议》背景下促进达成以日元计价的货币互换协议,来增强日元在区域内的地位。在增强日元资产对外国投资者吸引力的尝试中,政府债券的期限被多样化,并且非居民被免除预提税。最后,为了便利跨境交易,国家清算体系也得到了改善(Katada 2002:102; Helleiner 2000:243)。

然而,虽然日本对其货币国际化作出了努力,但日元的国际地位近年来并没有变得更加重要。尽管日元的国际使用从20世纪80年代末到20世纪90年代初增长了许多,其重要性却在20世纪90年代中期就开始下降(Katada 2002:98—101)。[4]日本货币攻势失败的主要原因是自20世纪90年代初经济泡沫破灭以来的经济停滞和金融危机所引发的问题。然而正如绍里片田(Katada 2008:409—410)所指出的那样,日本增强日元国际化地位的努力也受到日本私人部门反应的困扰。无论对日本的银行来说,还是对该国的贸易和制造业公司而言,外汇交易都已成为有利可图的生意。而且,日本的出口部门一直不愿意支持日元国际化,因为担心日元国际化会削弱本国的国际竞争力。此外,日元作为贸易货币的角色也一直受阻于如下事实:在日本的进口中,传统上以美元定价的自然资源占支配地位。

最后,日本提升日元在东亚地位的努力在区域内一直遭受抵制。源自日本在第二次世界大战中角色的反日态度使日本很难把自己树立为区域货币领导者。更为重要的是,东亚国家由于依赖美国作为其重大出口市场和主要安全伙伴,它们不愿意接受日元发挥更大作用(Katada 2008:86—87)。

中国货币国际化的路径

接下来的部分讨论全球金融危机后中国的货币攻势。这一部分将回顾中国对美元在国际货币体系中作用的批评,并综述中国促进人民币国际化的动机。引用本章第一部分已论证过的货币国际化的决定因素,接下来的部分将评估人民币在全球舞台上树立自身地位的潜能,并审视中国政府为促进人民币国际化所采取的步骤。本部分以对中国尝试可控型货币国际化的反思作为结尾。

中国对美国"货币霸权"的批评

在全球金融危机的背景下,中国的精英们对美元在国际金融体系的主导地位进行了严厉批评。2009年3月,中国央行行长周小川(Zhou Xiaochuan 2009)公开呼吁终结当前的国际货币体系。在一次二十国集团峰会前夕,中国央行网页上刊登了一篇周小川(Zhou Xiaochuan 2009)的文章,该文称"危机的爆发和它在全球的蔓延反映了现存国际货币体系的内在脆弱性和系统性风险"。周小川没有明确地提及美元,他指出依赖单一国家国内货币的体系的缺陷,即货币发行国的国内货币政策目标与其国际责任是不可调和的:如果发行国尝试打击国内通胀,它就无法满足国际流动性的需求。然而如果该国试图刺激国内需求,又会面临着造成国际流动性过剩的风险。

因此,周小川(Zhou 2009a)呼吁创立"与单个国家不相关且能长期保持稳定的国际储备货币",由此复活了约翰·梅纳德·凯恩斯在 1944 年布雷顿森林会议即将召开时提出的引入超国家货币的建议。为改革当前的货币体系,周小川建议扩大国际货币基金组织特别提款权(Special Drawing Rights,简称 SDR)的作用,它是国际货币基金组织 1969 年引入的账户单位,但在布雷顿森林体系崩溃后没能发挥显著作用。虽然周小川(Zhou 2009a)承认创立一种国际货币是"一个需要非凡的政治远见与勇气的大胆倡议",但他针对如何扩大特别提款权的使用范围提出了具体建议,呼吁引入一个特别提款权和其他货币之间的清算体系,创设以特别提款权计价的金融资产并提升它们的估值。虽然周小川没有明确提到人民币,但他倡导将所有主要经济体的货币都纳入到决定特别提款权币值的货币篮子中,这意味着中国货币应该被给予一定权重。最后,周小川(Zhou 2009)提议创设一个"开放式的以特别提款权计价的基金",该基金将允许把美元储备兑换成能够由国际货币基金组织管理的特别提款权。[5]

在周小川的提议吸引了全球金融共同体的注意之后三个月,中国央行再次批评了国际金融体系及其对美元的过度依赖。这一次,中国的批评伴随着对美国为回应金融危机而采用的宽松货币政策和财政政策的警告,以及主要储备货币发行者应增强监管的呼吁(Garnham 2009)。中国国务委员戴秉国(转引自 Parker et al. 2009)在 2009 年 7 月与八国集团的领导人讨论全球经济状况时,同样也对此进行了批判,称"应该建立一个更好的储备货币发行和监管体系,以便我们能维持主要储备货币汇率的相对稳定,并促进建立一个多样化和理性的国际储备货币体系"。2011

年初,中国国家主席胡锦涛也表达了他对此问题的关注。在对美国进行国事访问前夕,胡锦涛(转引自 McGregor 2011)指出"美国的货币政策对于全球流动性和资本流动有着重大影响,美元的流动性因此应当被保持在一个合理与稳定的水平上"。

中国官方对国际货币体系和美国"不负责任的"经济政策的批评,也是许多中国经济学家的观点。一位在颇具影响力的中国社会科学院世界经济与政治研究所就职的学者指出:美国正在"用其宽松的经济政策来播撒通胀和美元贬值的种子"(Zhang 2009a:1)。世界经济与政治研究所有影响力的前所长余永定更为尖锐地将美国的扩张货币政策描述为"近乎疯狂"(Yu 2008:2)。中国对美国在国际货币体系的领导地位的批评不仅在精英中广为流行,而且成为更广泛的社会大众的观点(Murphy and Yuan 2009:6)。知名网站新浪网的一项调查得到了 369 205 份回复,其中约90%的被调查者支持运用超主权储备货币终结美元"霸权",并且超过95%的被调查者认为美联储在金融危机时的货币政策损害了他国利益(Sina 2012)。

中国的批评很大程度上源于对自身外汇储备的关注。当美国开始实行量化宽松的货币政策时,中国的决策者、经济学家以及更广泛的大众一致担心这一政策会引起美元贬值和通货膨胀,并因而导致中国储备金贬值。此外,中国决策者对美国的"抨击"也旨在减轻公众的不满,这场金融危机导致了中国出口下滑和失业率上升。最后,中国的改革提议也表明中国愿意在全球舞台上成为更加活跃的力量(Heep and Hilpert 2009:6)。

人民币国际化的动机

中国对华盛顿的量化宽松货币政策的关切和该政策对中国外汇储备价值的影响,不仅使中国的精英阶层对国际货币体系进行了严苛的批评,而且在促进人民币全球作用的决策中扮演了重要角色。由于担心国家储备金的潜在损失,中国的决策者决定力推人民币在国际贸易中扮演重要角色,这将会放缓储备金增长并且允许本国在未来以本币放贷。

就推进人民币国际使用的决策而言,这一事实至少同等重要,即全球金融危机使中国认识到国家依赖美元的危险。在金融动荡触发美元回流美国金融体系时,随之而来的是美元在全球经济中的短缺导致中国出口的急剧下滑,数百万农村务工人员因此失业。[6]因此,中国政府决定提升人民币在全球贸易中的地位,试图稳定国家出口部门的运营环境。此外,中国在国际贸易中推进人民币也受到了这一愿望的影响,即消除汇率风险和降低交易成本。在美国消费者需求骤降而欧盟和发展中国家作为贸易伙伴的重要性与日俱增的背景下,事实上人民币钉住美元再也不能提供针对汇率波动的充分保护,因此人民币国际化看起来提供了一种受欢迎的保护中国出口部门的手段。

除了上文提到的促进人民币国际化的毫无争议的动机外,还有一种观点认为开明的决策者们一直以来也在努力推动人民币国际化以促进中国金融体系的改革。据说,尤其是中国央行的改革者们期望人民币能够发挥更重要的国际作用,以此把自由化压力——类似于十年前中国加入世界贸易组织给实体经济造成的压力——释放于金融体系中(Dyer et al. 2010;Polling 2010)。中国许多开明的经济学家和记者也怀有这一希望。一本有影响力的杂志《财经》中的一篇文章认为,中国货币的国际化将有助于中国金融部门的发展,并简化向弹性汇率机制过渡的过程(Chen et al. 2009)。类似地,中国顶级投行中金公司首席经济学家哈继铭指出,人民币国际化能够促进中国国际金融中心的发展(Zhang and Li 2009)。同样地,余永定强调了货币国际化将会给国家金融机构带来的风险,但也指出了人民币国际化将会提高这些机构的竞争力(Liu 2009)。

然而,促进人民币国际化的决定不仅受到了经济因素的影响,而且也受到政治考量的影响。在这方面最重要的一直是将中国建设成为"富强"国家的普遍愿望。在这种背景下,用"红币"来取代绿币,被视为中国在全球政治经济中崛起成为一个重要力量的强有力象征。正如一位时事评论员所说:"中国目前仍缺一张成为世界经济强国的'门票':人民币转变成为国际货币体系中充当货币标准的货币。"(Yuan 2009)中国中央财经大学张铁钢(Zhang Tiegang 2009b)教授提出,人民币国际化最终取决于中国综合国力的发展。如果中国的人民币国际化的努力获得成功，这不仅将促进国际货币体系的多元化，而且还要增强中国对国际体系规则发展的影响力。但在稍后的阶段里、在最终取得允许它建立自己规则的地位之前，中国就应该改变这些规则。与此相类似，清华大学中国与世界经济研究中心主任李稻葵（转引自 Zhongguo Qiyejia Wang 2010）表示他相信政府有能力在接下来的 10 年至 15 年里使人民币成为有竞争力的国际货币，并且指出"人民币国际化是一个不能被回避或避免的历史趋势"。

最后，中国的分析人士已经推测中国央行力推人民币国际化也是受到了官僚政治的影响（第 45 次访谈）。一位受访者强调在金融危机发生的前几年，中国央行实施的货币政策几乎没有受到来自更高级别政府的干扰。然而，据报道，当金融危机造成中国国内生产总值增长的急剧下滑时，中国的高层领导追究了央行的责任，声称央行未能通过调整货币政策来应对危机。结果是，中国货币政策的职责据说被从央行转移到了中央金融经济领导小组——一个更高级别的非正式党内组织。据报道，为了应对这一变化，央行已经尝试通过获取新的影响领域来支撑自己的地位：因为十分清楚汇率机制的自由化将会遇到不可逾越的抵制，尤其是在国家"发改委"那些更为保守的政府官员中，所以央行开始为人民币的国际化游说。

人民币国际化的潜力评估

下面的部分利用本章第一部分确定的货币国际化之决定因素来评估人民币国际化潜力，并解释这一潜力是如何受到中国金融体系的政治经济体制的影响的。[7]

全球经济中的中国交易网络

一个国家在全球经济中的广泛交易网络是货币国际化最重要的决定因素，因为这些网络在推动货币作为国际结算货币和货币锚的使用中起到了决定性作用。从这一因素来判断，人民币拥有巨大的潜力成为世界主导货币之一。从 2000 年到 2012 年，中国的国内生产总值从 11 980 亿美元增长至 82 270 亿美元，这使它成为位于美国之后的世界第二大经济体(见图 4.1)。由于中国的人均国内生产总值和发达国家相比仍然处在较低的水平,中国经济还没有发挥出它的全部潜力,很可能在未来几年里会持续快速发展,即使它可能会放缓发展步伐(见图 4.2)。假设中国的年均增长率是 8% 而美国为 2.5%,中国将在 2020 年超过美国成为世界第一大经济体(Economist 2011:6)。[8]在此背景下,人民币成为世界主导货币之一的前景看起来非常光明。[9]

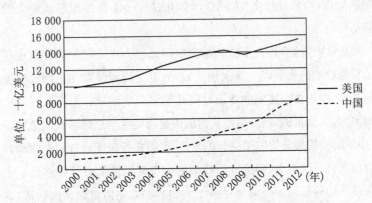

资料来源:World Bank:World Development Indicators。

图 4.1 中美国内生产总值的纵向对比(以现值美元计算)

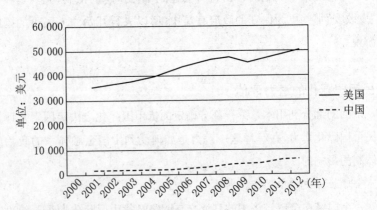

资料来源:World Bank:World Development Indicators。

图 4.2 中美人均国内生产总值的比较(以现值美元计算)

中国的商品和服务贸易也在快速增长。在 2000 年至 2011 年间,它从 5 310 亿美元增长为 42 940 美元,由此很快接近了美国的位置(见

图 4.3）。尽管中国可能并不能保持它现在的出口增长速度，它的进口增长速度却很可能会加速。此外，中国长久以来都是世界上外国直接投资的首选目的地之一，而且该国的交易网络近些年来也由于该国成为日益重要的对外直接投资者而得以扩大。由于中国在亚洲生产网络中的显著地位，人民币非常适合通过将自身建设成为地区结算货币来开始国际化进程。在这一方面，指出如下这点很重要：中国对该区域制造业日益增加的投资活动将使公司间贸易增加，从而进一步推动中国的区域贸易。最后，如果中国决定将其赠款和贷款用人民币而非美元计价，那么中国作为国际援助捐赠国的日益重要的角色，也能提高人民币的国际地位。

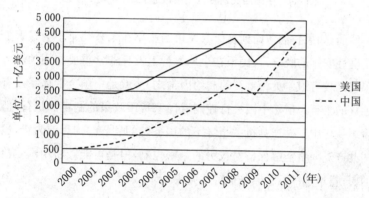

资料来源：World Bank：World Development Indicators。

图 4.3　中美贸易总额的比较

对人民币价值的信心

特别是考虑到一种货币具有的价值储藏（a store of value）和记账单位（a unit of account）的职能，对该货币价值稳定的信心在决定其国际化潜力上发挥至关重要的作用。从人民币通胀轨迹的记录来判断，它成长为主要国际货币看起来前景光明。在过去十年中，中国已经历了对新兴经济体而言相对低水平的通胀（参见图 4.4）。此外，自 20 世纪 80 年代末以来，限制通胀一直是中国宏观经济决策的一个主要目标，而且可以认为中国政府充分致力于保持人民币的价值以维护政治稳定。[10]

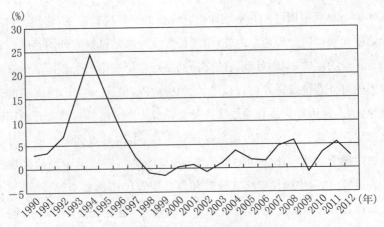

资料来源：World Bank；World Development Indicators。

图 4.4　中国居民消费价格指数通胀率（年度百分比）

　　然而，如果我们考虑到确保人民币通胀率在未来几年不会显著上升之制度性安排的匮乏，人民币在全球舞台上发挥非常重要作用的潜力看起来就比较有限。更为重要的制约因素之一，就是中国金融体系没有一个独立的央行。虽然中国央行控制着国家货币政策的制定和执行，但它一直服从于中国共产党机关指导下的国务院的领导。到目前为止，虽然中国共产党一直能够保持对权力的紧密控制，但是可能威胁中国政治稳定的、日益增加的社会紧张被持续关注。[11]

中国金融市场的发展

　　人民币国际化的主要障碍是缺乏能大规模吸引国际投资者的金融市场。如第三章所解释的那样，中国金融体系的政治经济体制不允许金融市场的运行发展超越政府的控制，因为那将损害该国的金融抑制体系。中国金融市场的欠发达性质是人民币确立为储备货币的主要阻碍，而且还将妨碍人民币发展成为重要的贸易货币，因为外国人需要能够持有和交易安全且有流动性的以人民币计价的金融资产，以便能够用人民币开具发票和结算。

汇率机制的自由化

　　中国出口部门令人惊叹的增长一直发生在准固定汇率制下。直到2005 年 7 月，人民币是一直与美元挂钩的。当时，中国央行宣布转向以一篮子货币为基础的有管理的浮动汇率制,该机制允许双边汇率每天在一定范围内变动(Fankel 209:3)。在随后的几年里,中国货币对美元升值,然而当全球金融危机打击了中国出口部门时,这一趋势戛然而止,由此揭示出中国政府继续认为汇率具有重要作用。然而,在接下来的一年里,人民币恢复了升值状态。在 2013 年发布的一份报告里,国际货币基金组织认为人民币只被小幅低估了 5%—10%(IMF 2013:9)。

如果中国决策者决定把国家金融体系自由化并且废除资本管制,以吸引国际投资者到中国金融市场投资,那么他们将不得不把汇率机制自由化,以便保持这个国家的货币政策自主权。不久前,这样的改革可能会导致人民币加速升值,从而损害出口部门的竞争力。然而,既然人民币不再被认为是严重低估的,可以设想在目前的环境下,汇率机制的自由化可能不会对中国出口部门的业绩造成重大影响。

协商货币

货币发行国能够助推本国货币崛起,如果它为支持本币而提供与本国内在经济吸引力无关的激励。在这一方面,中国有良好的条件来提高人民币的国际地位。近些年,中国已经成为发展中世界的一个重要资金提供者。从 2009 年到 2010 年,中国借给发展中国家的资金要多于世界银行(Dyer et al. 2011)。中国能够很好地利用它作为发展中世界日益重要的债权国的身份,去"说服"它的债务国允许人民币在它们的贸易与投资活动中发挥更重要的作用或是成为货币锚,特别是如果中国打算借出的是人民币而非美元。此外,在中国和其债务国*之间被意识到的政治经济体系的相似性,以及它们共有的对美国霸权的反感,可能会推进这些债务国对人民币的支持。最后,中国也能提供军事保护以交换它们对人民币全球作用的支持。

推进人民币国际化的政策措施

在考察了人民币发展成为主要国际货币所需条件之后,这部分内容

---

*　此处原文为"China and its creditors",即中国与其债权国。译者根据上下文判断,认为此处为"debtors"笔误,译文改为"中国和其债务国"。——译者注

分析的是中国在全球金融危机之后为提高人民币全球地位所采取的政策措施。这些措施的主要目标是推进人民币成为国际结算货币。在金融危机爆发之前的数年里,中国作为区域贸易伙伴的重要性逐渐增强的结果之一,就是人民币在中国邻国的使用已经大幅增加。然而,中国决策者们最初并没有就人民币的海外使用制定政策(Bottelier 2009)。

在金融危机最严重的时候,中国国务院首次明确地谈到了人民币的国际化。2008 年 12 月,国务院宣布为使人民币成为国际贸易交易的结算货币而引入试点计划。从 2009 年 7 月起,来自上海和广东省的广州、深圳、珠海和东莞的被选定公司,已经被允许用人民币结算它们与中国香港和澳门及东盟各国的公司间的贸易(PBOC 2010b:12)。在 2010 年,这一计划被扩大至涵盖 20 个省和直辖市及其在世界各国的贸易伙伴,并且被拓展至包括经常项目下所有交易(PBOC 2011b:11)。2011 年这一计划被扩大至覆盖全国。(PBOC 2012b:14)一年后,对希望用人民币进行国际贸易结算的中国公司来说,所有的限制都被去除了(PBOC 2013b:14)。

中国已尝试通过与新兴市场经济体缔结货币互换协议,来提高人民币的国际地位。中国央行在《清迈倡议》框架下签订了第一批双边货币互换合约。至 2007 年底,中国已经与日本、韩国、泰国、马来西亚、菲律宾和印度尼西亚缔结了互换协议。然而,人民币只是在与日本、韩国和菲律宾的协议中被使用,而所有其他协议使用的是美元而非人民币(Yu and Gao 2011:196)。但是当中国的许多贸易伙伴在金融危机后面临流动性问题时,中国政府决定通过给它们提供人民币来强化中国与这些国家间的金融合作,如果它们用完了美元,人民币能使它们继续与中国的贸易(参见表 4.1)。

表 4.1　挑选出的涉及人民币的货币互换协议

互换伙伴国或地区	互换额度	协议日期
中国香港	2 000 亿人民币	2009 年 1 月
马来西亚	800 亿人民币	2009 年 2 月
白俄罗斯	200 亿人民币	2009 年 3 月
印度尼西亚	1 000 亿人民币	2009 年 3 月
冰　岛	35 亿人民币	2010 年 6 月
新加坡	1 500 亿人民币	2010 年 7 月

（续表）

互换伙伴国或地区	互换额度	协议日期
新西兰	250 亿人民币	2011 年 4 月
乌兹别克斯坦	7 亿人民币	2011 年 4 月
蒙古国	50 亿人民币	2011 年 5 月
哈萨克斯坦	70 亿人民币	2011 年 6 月
韩　国	3 600 亿人民币	2011 年 10 月
中国香港	4 000 亿人民币	2011 年 11 月
泰　国	700 亿人民币	2011 年 12 月
巴基斯坦	100 亿人民币	2011 年 12 月
阿拉伯联合酋长国	350 亿人民币	2012 年 1 月
马来西亚	1 800 亿人民币	2012 年 2 月
土耳其	100 亿人民币	2012 年 2 月
蒙古国	100 亿人民币	2012 年 3 月
澳大利亚	2 000 亿人民币	2012 年 3 月
乌克兰	1 500 亿人民币	2012 年 6 月

资料来源：PBOC（2010a，2011a，2012a，2013a）。

到目前为止，中国的措施取得了怎样的效果？根据中国央行（2012b：15，2013b：14—15）的数据，以人民币结算的国际贸易在 2011 年达到了20 810 亿人民币，2012 年升至 29 380 亿人民币，大约占中国国际贸易总额的十分之一。在试点计划初期，使用人民币的进口结算远远多于出口结算，这反映出这样的情况，即香港人民币（CNH）兑美元汇率高于内地人民币（CNY）对美元汇率。加伯（Garber 2011）因此认为，国际投资者从人民币升值获益的期望以及中国进口商、非中国出口商从香港人民币（CNH）和内地人民币（CNY）汇率差获益的渴望，驱动了早期的人民币国际化。然而，最近，人民币在进出口结算中的使用已经变得更为均衡（PBOC 2013b：15）。

虽然中国已经集中力量使人民币成为国际结算货币，但是该国金融市场的封闭结构一直是人民币国际化的障碍，因为在国际贸易中使用人民币要求外国人能够获得人民币计价的金融产品。正如第三章所指出的那样，中国政府已经采取一些谨慎的举措，允许外国投资者有限地进入中国的金融市场，以便促进人民币的国际化。然而，中国政府的主要焦点一直放在香港人民币离岸市场的发展上。

　　建立这样一个市场的第一步举措已经在 2004 年落实,当时 32 家持牌银行开始在香港提供存款、货币兑换和汇款服务。三年后,中国的政策和商业银行被获准在香港发行人民币计价债券(Yu and Gao 2011:197—199)。为支持旨在确立人民币国际贸易地位的政策,改革步伐实质性地提速了。2009 年 9 月,中国财政部首次在香港发行了政府债券。第一批债券的价值仅为 60 亿人民币,然而发行量在 2010 年增加至 80 亿人民币,在 2011 年增加至 200 亿人民币,在 2012 年增加至 230 亿人民币(Xinhua 2012;Rabinovitch 2011;Cookson 2009)。在 2010 年 7 月,世界上任何一家公司都被准许在香港开立人民币银行账户并自由兑换人民币。此外,香港的金融机构被允许创设人民币计价的投资产品,而且对获得人民币计价贷款之公司类型的限制被移除(Cookson 2010c)。自 2012 年 8 月以来,香港的银行也已获准为非居民个人消费者提供人民币服务(HKMA 2013:41)。到 2012 年底,香港的人民币未兑换存款证和客户人民币存款的数额共计为 6 200 亿人民币(HKMA 2013:42)。

　　最重要的发展出现在香港的公司债券市场。自 2010 年 2 月,非中国公司及中国公司的离岸分支机构已被允许在香港所谓"点心债"市场发行人民币债券。然而,要把所筹资金转入内地,发行者仍旧需要获得国家外汇管理局(简称"外汇局")的批准。2010 年 8 月,美国快餐连锁企业麦当劳成为第一个在中国香港筹集资金的外国公司,随后三个月,亚洲开发银行成为第一个在香港发行人民币债券的国际金融机构(Cookson 2010a)。

　　2011 年 8 月时任中国副总理李克强视察香港,此行旨在强调香港对人民币国际化目标的重要性,在此期间中国央行行长周小川宣布,内地非金融类公司将被允许在香港发行人民币债券,内地公司在香港发行人民币债券的配额将被提升至 5 000 亿人民币,在金融类与非金融类公司间五五分配(Peng 2011)。2011 年 11 月,在获得国家发展和改革委员会的批准后,国有钢铁企业宝钢成为第一个在香港发行人民币债券的非金融类内地企业。对在香港发行债券的内地公司来说,要把所筹资金汇至内地,也需要外汇局的批准(Zheng 2011)。[12] 在 2012 年,不计入存款证的在香港发行的人民币债务证券的总额是 1 270 亿人民币(HKMA 2013:51—52)。[13]

可控型货币国际化的尝试

当在资本管制体系内进行人民币国际化的尝试时，中国决策者们已经进入了完全未知的领域。正如麦考利（McCauley 2011:3）指出的，资本管制既没有阻碍英镑在 1945 年至 1979 年间发挥重要的国际作用，又没有削弱美元在 20 世纪 60 年代中期至 20 世纪 70 年代早期作为核心货币的角色。但是，当初这些货币在全球舞台上被确立起来的时候，并没有资本管制去限定它们的全球使用，因而它们只是必须在新出现的资本管制机制中维持其国际角色。

根据我们对人民币国际化潜力的评估判断，被选择的在保持严密资本管制体系之同时尝试确立人民币在国际贸易中地位的策略，看上去是大有希望的。一方面，中国在全球经济中巨大且不断增长的交易网络和其海量的金融资源，允许它去"协商"人民币的国际地位，这意味着人民币已经准备就绪在国际交易媒介中扮演重要角色。另一方面，中国缺乏对低通胀政策的制度化承诺，与政治体系相关联的潜在政治不稳定性相对较高，这都损害了外国人对人民币价值稳定的信心。而且，能够大规模吸引外国投资者的金融市场发展与中国的金融抑制体系不兼容。在这样的背景下，中国把国际货币基金组织特别提款权转变为世界重要储备货币的提议，看起来是对旨在提高人民币全球地位的政策的合理补充。

全盘拒绝与可控型国际化

至 20 世纪 80 年代末，日本在全球经济中的交易网络及其为金融市场自由化而采取的第一批谨慎举措，已经能够允许日本提升日元作为国际货币的地位。然而，日本政府却选择抑制日元国际化，原因是其担心日元的全球角色会削弱日本的货币自主权，损害其出口导向型增长模式以及威胁政府对信贷分配的控制，并由此威胁政府进行产业决策的能力。当金融决策者们基于日元国际化能够促进本国金融体系改革，从而不那么反对日元扮演更重要国际角色时，财政部和日本央行在日本公共债务结构上的分歧,阻止了日本在货币政策上采取更为强势的立场。亚洲金融危机使日本政府认识到了依赖美元的危险。然而当日本政府最终开始力推日元在国际上发挥更重要作用时,对于日元成为全球主要货币之一来说,日本经济下滑却意味着这一转变已为时太晚。

从中国发展型国家的政治经济体制看,正是基于那些阻止日本提升日元国际货币地位的理由,中国决策者被预期试图阻止人民币发挥全球作用。然而,在长久的政策实验传统的背景下,中国决策者受到强烈的民族主义情感激励,选择了完全不同的路径。中国没有采取全盘拒绝货币国际化的做法,而是执行了提高人民币国际贸易地位且同时保持资本管制的策略。推进"可控的可兑换性之下的货币国际化"(Subacchi 2010:1)策略,使中国政府走上一条渐进式的人民币国际化之路。这条道路给尝试各种试点计划留下了空间,如果那些试点计划威胁了中国国内金融体系的稳定,它们就会被冻结。中国的货币国际化道路因此也遵循了中国的决策模式,韩博天(Heilmann 2009:451)把这种决策模式描绘为"有长期政策优先顺序的广泛政策试验"或"有远见的反复实验"。[14]

通过允许央行开明的改革者们尝试可控型货币国际化和使用香港作为试验场,并同时保持对人民币汇率的严密控制和国家资本管制,中国高层领导人成功地调和了中国官僚体系中重要博弈者之间的分歧。中国对可控型货币国际化的尝试是一项冒险行动,可能会释放不受国家决策者们控制的力量并损害国家金融体系的稳定。但是,如果中国的货币实验成功了,中国将从本国出口部门运营环境的稳定中获益,并从人民币被确立为中国日益崛起之经济政治实力的有力象征中获益,与此同时可降低货币高估风险和减少完全可兑换条件下的货币国际化所引发的货币政策限制。然而就结构性权力而言,人民币成为国际交换媒介将不会显著提高中国的影响力,因为结构性权力几乎排他性地源于一种货币作为国际价值贮藏手段的作用。

注　释

1. 本部分绝大多数采用了赫莱纳的观点(Helleiner 2008)。
2. 后一方面的详细分析参见 Helleiner(2003)。

3. 正如绍里片田（Saori Katada 2008:402）所指出的，官方日元持有量的增长在某种程度上是日元升值的直接结果。

4. 这种发展趋势唯一的例外情形是日元在日本从东南亚进口结算中的使用在增长，这一增长持续到 20 世纪 90 年代末（Katada 2002:101）。

5. 创设一个以特别提款权计价之基金的提议是替代账户理念的复兴，这一理念曾于 20 世纪 70 年代后期在国际货币基金组织内被讨论过（Bergsten 2009）。

6. 对全球金融危机期间美元短缺的分析参见 McGuire and von Peter（2009）。

7. 多布森和马森（Dobson and Massion 2009）提供了相似评估。

8. 此外，这一计算还基于中国通胀率 4%、美国通胀率 2% 以及人民币兑美元年均升值 3% 的假设作出。

9. 不言而喻，人民币国际化的前景也受到全球核心货币美元的演变的重大影响。对美元在国际金融体系中当前地位的分析参见赫莱纳和科什纳的论文集（Helleiner and Kirshner 2009）。关于美元可能衰落的政治影响参见 Kirshner（2008）。

10. 对中国通胀政治经济学的详细分析，请参见 Shih（2007）。

11. 强调中国体制稳定性对中国未来政治的展望，请参见 Nathan（2003）。更悲观的展望，请参见 Pei（2008）。

12. 中国香港离岸人民币债券业务已经受到伦敦、台湾和新加坡的挑战，这三个城市已经开始发行人民币计价的债券。

13. 中国已经确立了允许在直接投资活动中使用人民币的计划。2012 年，以人民币结算的对外直接投资总额是 300 亿人民币，而以人民币结算的外来直接投资达 2 450 亿人民币（PBOC 2013b:15）。

14. 对这一政策模式的全面描述请参见 Heilmann（2008）及 Heilmann and Perry（2011）。

第五章

金融抑制与关系性金融权力

本章分析的是发展型国家在全球金融中发展关系性权力的潜力。根据第二章提出的定义,关系性金融权力是一国直接通过与其他国家的金融关系,或施加金融压力或提供金融激励来影响那些国家行为的能力。债权国运用可支配的关系性金融权力的主要机制,就激励而言,是提供信贷;就压力而言,是贷款的收回或拒绝提供借贷以及为操纵其汇率而倾销债务国货币。因此,一国的债权国地位可以被认为是其关系性金融权力的主要来源(Helleiner 1989,1992;Strange 1990)。一个债权国的关系性金融权力的主要决定性因素,是该国资本流出的规模与持续时间、政府对这些资本流出的管制以及债权国对其主要债务国的脆弱性(Helleiner 1989:345)。除这些决定性因素之外,还有一点需要考虑到,那就是债权国的关系性金融权力,也受到债务国对债权国的脆弱性的影响,而这种脆弱性取决于债务国拥有的替代性信贷来源和债务国汇率机制的性质(Drezner 2009:18—19)。

本章内容根据这些考量加以安排。第一部分审视了日本在20世纪80年代成为净债权国所获得的关系性权力。第二部分分析了中国积累外汇储备以及由此成为净债权国的原因,审视了中国国内围绕不断增长的储备存量的争论,并阐明了中国主权财富管理者们以及他们的投资战略间的官僚竞争。在这些研究的基础上,这一部分通过把中国的储备金规模放在一个比较视角下,预计中国资本流出的可能持续时间,并分析政府对这些资本流出的管制以及中国与其主要债务国美国之间的相互脆弱性,来评估中国的关系性金融权力的潜力。最后,这一部分还审视了中国运用关系性金融权力的尝试。第三部分则比较了中国的关系性金融权力与日本发展型国家的关系性金融权力。

作为债权国的日本

接下来的内容将分析日本成为净债权国的原因,探讨日本政府对本国资本流出的管制,并分析日本对其主要债务国美国的脆弱性。

日本成为债权国

当日本成为全球金融体系中的主要债权国时,不少国际关系学者确信,日本注定代替美国成为世界主要金融强国(例如 Gilpin 1978:328—336)。从战后初期到 20 世纪 80 年代初,日本几乎一直是净借款国。然而,在 1982 年,日本开始出现大量的经常账户盈余,其国际投资地位突然改变。仅仅四年之后,日本就成为世界上最大的净债权国并积累了雄厚的对外金融资产。在 20 世纪 80 年代后期,日本年均长期资本输出额接近 1 000 亿美元。20 世纪 90 年代末,日本的对外资产价值已达 3 280 亿美元(Helleiner 1989:343, 1992:422—423, 2000:230—231; Gilpin 1987:328—330)。因“与美国在战后首次滑入债务国地位同时发生”(Helleiner 2000:231),这一进展看上去宣告了全球金融进入了一个新时代。按照吉尔平(Gilpin 1987:328)的说法,“日本(已经)取代美国成为占主导地位的债权国与金融强国”。

日本成为债权国的根本原因可以在日本发展型国家的政治经济体制中找到,该体制依赖金融抑制体系促进经济快速增长。正如此前章节中所解释过的那样,在这一体系中,高储蓄率允许当权者们向被视为具有战略重要性的产业部门提供数量充足的用于投资的资金。在 20 世纪 70 年代,当经济增速开始放缓、企业投资需求减弱时,日本政府为维持对日本经济发展的掌控,拒绝了实质性地改革该国金融体系的措施。即便这一金融体系越来越受到自由化压力的影响,金融抑制的元素依然牢固地存在着。

由于公司投资规模下降,日本的大规模储蓄需要新的输出口,此时需要找到一个新的增长引擎。为应对 20 世纪 70 年代的经济衰退,日本政府开始采取凯恩斯需求管理战略以实现经济复苏。直到 20 世纪 70 年代末期,日本超额储蓄中相当大的一部分被不断增长的政府赤字所吸纳(Helleiner 1989:344)。不过从 20 世纪 80 年代早期开始,该国对凯恩斯主义最开始的奉行不再是可持续的。正如伊藤诚(Makoto Itoh 1990:173)指出的那样,当时日本已经开始依赖发行国债以获得超过 30% 的政府年收入,这使日本政府在并未极大地提高税率的同时偿还债务变得更为艰难。[1]

在这一背景下,为复兴陷入困境中的经济,日本被迫要找到另外一条道路。尽管由于政府赤字的快速增长,该国的金融抑制体系那时已经开始受到侵蚀,但这一体系依然是资本主义世界受到最严密控制的金融体系之一(Moran 1991:105)。而且,日本政府持续鼓励高储蓄率,高储蓄率一直是其金融抑制体系的支柱之一。既然日本决策者不愿意对该国的政治经济体制进行实质性的改变,他们别无选择,只能执行出口导向型发展战略。不同于消费主导型发展战略,出口导向型发展战略与其金融体系内的政治经济体制是相容的。[2]由于这一原因,吉尔平(Gilpin 1987:329—330)认为:

> 消费不足与国内投资利润率下降的原因……更多地与日本政治有关,而非资本主义运行之不可避免的规律。如果执政的日本自民党的利益在当时有所改变,日本可以轻松地用这些资本去改善日本人的生活质量。不愿进行必要的国内改革,日本资本主义……需要一个"殖民地"以使自己摆脱这些盈余资金。

随着里根政府任内的美国经济在 1983 年开始复苏,日本的出口也开始大规模扩大,美元对日元的大幅升值支撑了这一进展。在美国,"在没有以减少开支为辅助的情况下,联邦政府的大幅减税导致了巨大而持续的预算赤字"(Gilpin 1987:330)。由于国内储蓄率较低,这一赤字不得不通过借外债融资来弥补。不断增长的预算赤字导致的美国利率走高,让美国能毫不费力地吸引外国资本,尤其是寻求有可观回报的投资机会的日本资本。美国由此开启了"由外国债权人提供资金的经济复苏"(Gilpin 1987:331),这样的经济复苏加强了美元的地位但削弱了美国出口商的竞争力,而这反过来又加强了美国对外国债权人,特别是对日本投资者的依赖(Itoh 1990:174—175; Gilpin 1987:330—331)。

日本资本流动的国家管制

要评估日本发展型国家的关系性金融权力,最重要的问题之一便是该国对本国资金输出的管制程度。在这一背景下,本部分着重指出的是由于该国成为债权国与资本账户逐渐自由化是同时进行的,日本出口商所赚取的外汇没有进入该国的外汇储备而是交到公共部门的手上,留在该国的私人投资者手中。

根据赫莱纳(Helleiner 1989:346—349)的观点,日本金融机构与官僚体系的紧密联系使不少观察人士相信,政府对该国的金融投资行为具有很强的影响力,在对美国的资本输出方面尤为如此。虽然日本政府对本国海外投资的实际介入程度依旧很难评估,但由于是日本的而非外国的金融机构在管理本国盈余,日本政府具备影响本国资金流动的潜力这一点是很明显的,这使日本政府不仅可以通过自由裁量权,而且能通过规制与税收政策去影响投资决策(Helleiner 1989:349)。因此,同那些在20世纪80年代对外投资"首要以银行存款的形式,因而由西方商业银行通过市场来加以周转"(Gilpi 1987:329)的石油输出国组织成员国相比,日本有更有利的条件把其债权国地位转化为关系性金融权力。

日本对其主要债务国的脆弱性

要评估日本发展型国家的关系性金融权力,该国对其主要债务国的脆弱性也需要加以分析。在这一方面,注意到如下事实就很重要:即日本以美元提供贷款,因而很容易受到其债务国货币可能贬值的不利影响。此外,日本依赖美国这一主要出口市场来维持其出口导向型发展战略。因此,日本政府鼓励日本对美国的金融投资,以便通过为美国消费日本产品的融资来保证其发展战略的可持续性。塔格特・墨菲(Taggart

Murphy 1996：161)指出：

> 通过购买如此大量的美国国债，日本人最终是在为他们自己的
> 出口融资……这些条款对美国人来说是非常有利的，因为他们最终
> 不需要努力赚取美元来偿还这些资金；他们只要多印些钞票就行了。
> 尽管有风险，但这种模式让日本的出口机器能持续轰鸣下去。

最后，就是已经被指出的一点，即日本的债权国地位所产生的权力受限于该国对美国的军事依赖，这让不少观察人士把日本对美国的金融辅助视作日本必须向美国军事支持支付的代价（Murphy 1996：161；Helleiner 1989：345）。

不过，赫莱纳（Helleiner 1992：434）认为，尽管日本在经济及安全事务上依赖美国，随着其金融支持的成本开始增加，日本却不那么愿意去满足美国的金融利益。按照赫莱纳的说法，日本决策者因美国没有承诺削减预算赤字而产生的不满，至少能部分地解释 1987 年中期日本资金为何撤出美国。虽然这一预算赤字最初曾促使美元飙升直至《广场协议》后央行进行干涉，但随之而来的美元贬值和日元的相应升值，成为当时日本决策者的一项主要顾虑。因此，日本官员不再那么愿意鼓励日本资金持续流入美国，因为这些资金让美国得以继续其赤字政策，从而也助推了日元暴涨的问题。

而且，赫莱纳（Helleiner 1992：436）还指出，1989 年开始的货币政策紧缩，当时三重野康（Mieno Yashushi）被任命为日本央行新一任行长，最终削弱了日本对美国的金融支持。自 1985 年起，日本通过实施宽松的货币政策来努力减少《广场协议》后美元贬值造成的影响。但是，这一政策对日本来说代价太过高昂，因为它导致了资产泡沫的生成，而资产泡沫最终将给日本经济重重一击。新政策被设定为戳破泡沫，但也触发了日本资金撤离美国，因为这一政策引起日本国内利率上升和股票价格崩溃，以至于日本金融机构必须把资金撤回国内以满足准备金要求。由于担心撤出资金会激怒美国，三重野康的政策备受争议。但他的立场占据了上风，由此"日本货币政策从属于支持美元这一外部目标的时代最终落幕"（Helleiner 2000：234）。

中国外汇储备的投资

　　正如 20 世纪 80 年代的日本,中国在全球金融中日益增加的重要性,基本上是其成为主要国际债权国的结果(Chin and Helleiner 2008:88)。中国在 2004 年才成为净债权国(Ma and Zhou 2009:5)。然而,中国的国外净资产近年来增长非常迅速(参见图 5.1)。至 2012 年年末,中国的国外净资产已经达到 1.736 万亿美元。中国的国际投资状况最引人注目的特征是外汇储备的主导地位。截至 2012 年年底,中国外汇储备达到了 3.312 万亿美元,大约相当于其国际资产总额的四分之三(参见表 5.1)。由于中国储备资产的重要性,分析中国的债权国地位时将以其为焦点。接下来的内容将概述外汇储备的功能,探寻中国储备积累的原因,并评估中国债权国地位所产生的关系性金融权力。[3]

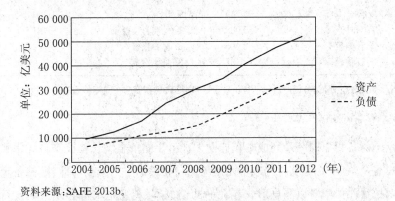

资料来源:SAFE 2013b。

图 5.1　中国的国际投资状况

外汇储备的功能

　　为能够评估中国储备积累所产生的关系性金融权力,我们需要理解储备金发挥的功能,并能够查明中国可支配的盈余储备数量。外汇储备可以被定义为“官方公共部门的外国资产⋯⋯可供政府使用并控制以达成一定范围内的目标"(IMF 2004：1)，包括汇率管理、在危机时提供外汇流动性以及支持政府的外汇需求。由于储备金需要以安全且具有流动性的资产形式存在，央行的投资组合往往包括短期政府债券或以美元或欧元计价的货币市场工具(Park 2007：4)。

按照定义，外汇储备的变动等于经常账户余额与资本账户余额之和。一国因此能通过实现经常账户盈余、资本账户盈余或二者的结合来积累外汇储备。不过，这并不意味着外汇储备水平不会被一国的货币当局所影响。恰恰相反，货币当局对外汇市场的干预，通过影响该国资本账户余额从而导致储备金变化。货币当局干预市场的程度由该国汇率机制决定，即更大的汇率灵活性意味着更低程度的干预和因而更慢的储备积累(Park 2007：4—5)。尽管储备积累往往是由针对未来金融危机可能后果的自保需求所驱动，但也能产生于旨在防止国内货币升值以确保国家出口部门竞争力的对外汇市场的干涉。[4]

表 5.1 2012 年中国的国际投资状况（单位：亿美元）

净头寸	17 364	4. 储备资产（外汇）	33 879(33 116)[a]
A. 资产	51 749	B. 负债	34 385
1. 对外直接投资	5 028	1. 外商直接投资	21 596
2. 证券投资	2 406	2. 证券投资	3 364
3. 其他投资	10 437	3. 其他投资	9 426

a 除外汇外，储备资产还包括货币黄金、特别提款权和该国在国际货币基金组织的储备头寸。

资料来源：SAFE (2013b)。

储备积累同一系列成本相伴而生。由于储备金增长往往来自经常账户盈余，一个必须支付的成本便是与出口相关的进口减少。此外，储备金增长往往伴随着以利息形式存在的冲销成本，利息是央行必须为其发行的国内债务支付的，而债务的发行旨在缓和储备积累所带来的通胀效应。这些冲销成本往往超过货币当局通过储备投资获得的利润，由此导致央行资产负债表的净损失。成本也可能产生于国内货币的升值，这意味着以当地货币计价的储备价值的流失，从而可能给央行资产负债表造成损失。最后，随着储备的积累，机会成本也在加大，因为购买储备所需的资源可以被拿作他用(Green and Torgerson 2007：7—10)。[5]

若干标准可被用于断定一国外汇储备的充裕程度。传统指标是以数月的进口量来衡量外汇储备,而三到四个月的进口量常被用来当作标准。这一标准对那些同资本市场联系受限的国家来说特别有用。以货币为基础的衡量标准可以适用于那些面临着极高资本外逃风险的国家。相当于广义货币(M2)5%到20%的外汇储备量一直被认为是比较合适的(Green and Torgerson 2007:3—4)。而所谓的格林斯潘—盖杜蒂法则(Greenspan-Guidotti rule)认为,储备规模应相当于该国未来一年内到期的外债,这一法则是衡量面对资本账户危机的脆弱性的最常用标准,同时也被认为是"衡量那些同资本市场有着重大但不确定联系之国家的储备充裕程度的最重要单项指标"(IMF 2000:15—16)。

中国的外汇储备

中国曾长期受到外汇储备不足的困扰。然而,从 21 世纪头十年的初期开始,中国的外汇储备进入了一个极速增长的轨道。从 2000 年到 2012 年,中国的外汇储备增长了超过 3 万亿美元(参见图 5.2)。外汇储备的快速积累主要受中国经常账户盈余的驱动,这反映了中国出口导向型增长战略。然而,中国的资本账户盈余也对储备增长作了重大贡献,尤其是 2009 年到 2011 年,这一进展主要得益于巨额外国直接投资的流入(参见图 5.3)。

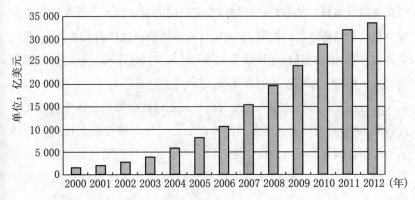

资料来源:SAFE 2012b, 2013c。这些数字不包括中国主权财富基金——中国投资有限责任公司所管理的外汇储备。

图 5.2 中国的外汇储备

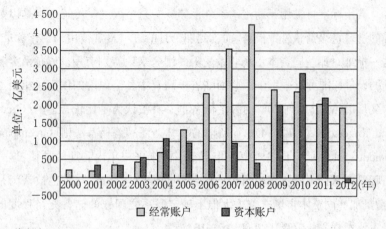

资料来源:SAFE 2012a，2013a。

图 5.3　中国的双重盈余

正如杜利等人(Dooley et al. 2003:2)所认为的,中国的外汇储备积累反映出它有意选择的发展战略是基于"由汇率低估、资本管制及以储备资产债权积累为形式的官方资本流出所支撑的出口导向型增长"。按照所谓的新布雷顿森林体系(Bretton Woods II)的假设,中国向美国提供金融支持以确保美国市场有能力吸纳大量中国出口的政策选择,已经让美国维持大规模经常项目赤字(Dooley et al. 2003:6)。

中国决策者们对这样一种发展战略的选择,可通过参考发展型国家模式来加以解释。依靠金融抑制体系把该国的资金投入产业发展并确保政府对政治经济体制的控制,中国领导人必须采用这样的发展模式,即投资为主、辅以推动出口,这导致了大量的经常项目盈余和巨额的外汇储备积累。正如第三章所阐述的那样,通过命令国有银行购买外汇储备积累,以及通过把存款准备金率大幅提升到只有在行政担保利差体系内才能可持续的水平,对全国金融体系的严密控制已经使中国在很大程度上冲销了外汇储备积累的货币效应。通过以前所未有的外汇储备规模来阻止货币升值,中国的金融抑制体系因而能让政府继续执行出口导向型增长战略。

既然中国的外汇储备积累不是因预防动机而产生,按照衡量外汇储备充足程度最常用的标准来看,中国已经持有了巨量超额外汇储备。

在 2012 年末,中国的外汇储备规模相当于 21 个月以上的进口额,是中国短期外债的六倍多。即使我们假设一国的外汇储备应当能支付三个月的进口额并能偿付所有的短期外债,中国的超额储备也达到了2.355 万亿美元之巨。[6]中国对出口导向型增长战略的选择由此已经产生了巨额国外资产的累积,这为中国获取相当大的关系性金融权力提供了基础。

对中国债权国地位的争论

接下来关注的是在中国人对国家外汇储备的争论中居压倒性地位的话题:对储备价值的担忧和可能的投资策略。

对储备价值的担忧

中国对其巨量超额储备的讨论始于 2006 年,那一年政府成立了由 14位来自不同政府部门的代表所组成的外汇储备保值增值小组(Wang 2007a)。到那时为止,中国的外汇储备大体上投资于美国的低收益国债和机构债券,还有较小部分投资于以欧元和日元计价的债券。[7]正如这一小组的名字所表明的那样,其成立反映出中国决策者对于储备积累成本的日益增加的忧虑,这些不断增加的成本主要来自 2005 年汇率机制改革开始后人民币对美元的升值,但也来自不断增长的冲销成本。[8]因此,该小组建议成立一个主权财富基金,为提高中国储备的回报率,该基金应该能够把中国超额储备的一部分投资于风险更高的资产类别并从美元资产转向多元化,借此帮助抵消冲销操作的成本,并阻止以人民币衡量的储备价值的进一步缩水。这一建议被政府采纳,2007 年 9 月,主权财富基金中国投资有限责任公司成立(Guo 2007b)。

参与中国储备争论的中国学者和记者分享了政府对中国外汇储备贬值的担忧。来自颇具影响力的世界经济与政治研究所的学者们表达了他们对"中国外汇储备国际购买力遭受巨大损失"这种可能性的忧虑(Zhang and He 2009:103)。根据中国 2008 年 3 月底已经积累的储备总量,他们计算出,名义汇率 10%的贬值导致的储备的国内价值损失量,相当于中国 2007 年国内生产总值的 5%。他们也注意到不断增加的冲销成本损害了中国央行的资产负债表。而且,他们强调储备积累是与巨大的机会成本相联系的,后者被界定为外国直接投资在中国的高收益率与中国储备投资的低收益率间的收益差距。[9]因此,这些学者建议,政府应当建立一个更为灵活的汇率机制来放缓外汇储备的增长速度,或者是采取新投资策略来提高中国外汇储备的回报率(Zhang and He 2009: 102—103)。

　　然而,有几位评论者也注意到这一情况,即不断升值的人民币与日益增加的冲销成本意味着,即使中国采取更为冒险的投资策略,也无法保证中国外汇储备投资获利。例如,巴曙松(Ba 2007:30)指出,中国主权财富基金必须取得至少10%的年回报率,才能弥补人民币升值所导致的损失并支付冲销成本。另一些学者提出了对中国出口导向型增长战略的根本性批评。例如,方宁(2007:18)强调,中国外汇储备的积累意味着中国人民没有充分享受经济增长所带来的好处。

　　全球金融危机的到来加剧了中国对储备价值的担忧。当美国抵押贷款机构房利美与房地美挣扎在破产的边缘时,中国领导人意识到,中国外汇储备并非一定就是安全的。即便美国政府最终对房利美与房地美伸出了援手,中国依旧因持有美国的这些机构债券而遭受惨重损失。此外,美国金融机构股票市值的骤降意味着中国主权财富基金也蒙受了巨大的投资损失。[10]鉴于此,中国高层表达了他们对中国外汇储备安全性的担忧。2009年1月,副总理王岐山(转引自 Dean et al. 2009)呼吁美国政府"采取一切必要措施稳定其经济与金融市场,以保障中国在美资产与投资的安全"。两个月之后,总理温家宝(转引自 Dyer and Beattie 2009)告诉国际听众他"有点担心",要求美国"维持信誉,信守承诺并保证中国资产的安全"。

　　在此次危机的背景下,中国学术界的从美元转向多元化以及停止购买美国国债的呼声也在加大。余永定(Yu Yongding 2008)——前央行顾问与世界经济与政治研究所时任所长——注意到这一情况,即美国预算赤字的不断增长和美联储量化宽松货币政策导致的国债发行量的日益增加很可能会导致美国政府债券价格的下跌。此外,他指出,美联储的宽松货币政策也可能导致严重的通货膨胀,这会使中国外汇储备购买力下降。余永定给出的解决良方之一是美国应当开始发行以人民币计价的"熊猫债券",这样中国能继续其对美国政府的金融支持而不用担心其外汇储备购买力的损失。

展望中的投资策略

中国精英们高度关注的不只是如何让中国超额储备保值的问题。如何用中国超额储备支持中国的发展,也是决策者、学者以及记者们深思的问题。三家特别支持中国超额储备战略投资的政府机构分别是强大的规划机构——国家发展和改革委员会、商务部以及中国国有企业的管理机构——国有资产监督管理委员会(以下简称"国资委")。

依据中国尝试把最成功国企变为全球冠军企业的政策,"国资委"前主任李荣融主张中国主权财富基金应该使用其管理下的外汇储备来支持这些国企的海外投资活动(McGregor 2007)。[11]这一提议最初似乎在政府圈内没有太多支持者,但到后来甚至获得了总理的支持(Anderlini 2009)。然而在中国精英中更受欢迎的提议是中国外汇储备应当以确保中国原材料供应的方式进行投资。"发改委"官员认为中国应当使用超额储备建立战略石油储备,其他部门的官员则期望资源方面的战略投资、收购资源性公司的股权以及投资于商品期货(第 13 次访谈;Chang and Li 2007;He and Zhang 2007:21)。

争论的参与者还主张中国的主权财富基金应当试着通过投资股市和购买外国金融机构股权来获得财富管理领域的专家技能,因为日益老龄化的中国社会急需有技能的财富管理者(He and Zhang 2007:21)。在这一背景下,也有声音提议中国应当用超额储备设立主权养老基金(Zhu and Lin 2008)。还有人要求应当用中国外汇储备的一部分购买那些能让中国获得重要技术的公司的股权(Guo 2007a:60;Jiao 2007:104)。类似的打算还包括用外汇储备购买中国发展所需要的技术产品与服务(Financial Times 2009;Zhong 2007:32)。此外,还有人建议,中国超额储备的管理者应该尝试投资在中国经济遭遇衰退时能获利的资产,以此来为中国经济的稳定作贡献(Jiao 2007:104;Li 2007:55)。

在全球金融危机的背景下,许善达(一位曾管理过国家税务总局的经济学家)提出了一个更具雄心的计划。他建议创设一个"中国的马歇尔基金",把中国的超额储备借给亚非拉的发展中国家,以便改善当地的生活条件,并由此为中国开辟新的出口市场(Dyer 2009)。时任中国央行副行长的胡晓炼(转引自 Dyer 2009)也有类似的提议,她在 2009 年 9 月的二十国集团的一次会议上建议成立一个"超主权财富投资基金",该基金在发展中国家的外汇储备投资应当以创造"全球复苏与增长的新引擎"为目标。

投资机构

下面将检视中国最重要的主权财富管理者——中国投资有限责任公司与国家外汇管理局——的组织结构、资金来源与投资策略。

中国投资有限责任公司

作为有关中国储备投资争论的结果,中国建立了主权财富基金,以通过投资更具风险的资产类别和从美元转向多元化,来使中国的超额储备获得更高的投资回报。虽然中国的精英们在中国超额储备投资需要改变这一点上取得了共识,但由哪个机构来控制这些用来改变储备管理的资金的问题引起大家的激烈争辩。争论中的主要竞争对手是央行与财政部。央行由于传统上便负责中国储备投资,因而认为自己理所当然地是新基金的管理者;而财政部则尝试通过强调其他国家财政部在储备管理中所扮演的角色——进而特别强调了日本的案例——来为自己管理新基金的主张提供合法性。财政部在提议成立一个金融国资委的同时,也质疑了央行对国有金融公司的控制,这使争议进一步复杂化了。按照财政部的计划,金融国资委将吸纳中央汇金投资有限责任公司,该公司是成立于 2003 年的央行下属机构,旨在对国有银行和券商进行资金重组以及促进金融领域的改革。最终,中国高层领导人拒绝了成立金融国资委的提议,但决定建立一个很大程度上独立于央行的主权财富基金(Eaton and Zhang 2010:493—494)。

随后,中国主权财富基金以国有企业的形式建立起来,具有部级地位,直接向国务院汇报;中国投资有限责任公司(以下简称"中投")的董事会、监事会与执行委员会的成员由国务院指派。财政部前副部长楼继伟是中投的首任董事长,而中国全国社保基金理事会原副理事长高西庆则成为中投公司的总经理。与财政部、央行、"发改委"和商务部一样,几乎所有对中国超额储备管理有兴趣的部门都在中投最初的领导层中有其代表。但财政部无疑是最有发言权的部门，因为它为中投提供资金。这样，财政部不只获得了对央行的胜利，还击败了"发改委"——后者曾希望成立一个处于本部门管辖之下的主权财富基金，但因为"发改委"没有发行公债的权力，由此无从提供能换取央行外汇储备的东西（第 21 次访谈），所以没有实现这一目标。

为了给新成立的主权财富基金提供资本金，财政部在 2007 年发行了 1.55 万亿人民币的特别国债。财政部随后以此同央行交换了 2 000 亿美元外汇储备注入中投。这一复杂的注资程序是对在 2007 年开始加速的货币供给增长（源于储备积累）的反映。在这一背景下，发行特别政府债券的目的是从银行体系中排出过量的流动性资金。由于并未被指定为中投的官方股东，财政部拒绝承担为这些债券支付利息的责任。为了支付本部门的费用，财政部由此坚持让中投为这些特殊政府债券偿本付息，这意味着中投公司仅仅为了收支相抵，将立即承受每天赚取 3 亿元人民币利润的巨大压力（Walter and Howie 2011:129—132；Eaton and Zhang 2010:495；Heep 2008:57—58）。

随着中投的成立，财政部间接获得了中央汇金投资有限责任公司的控制权。作为央行的下属机构，汇金成立于 2003 年，意在促进中国国有商业银行的改革。从 2004 年至 2005 年，央行通过汇金向三家最重要的商业银行共注资 600 亿美元，取得了中国银行、中国建设银行和中国工商银行的控股权（Feng 2006:37）。中投成立后，用其资本金的三分之一从央行手中拿走了汇金。作为中投的子公司，汇金通过使用中投的资本金向国家开发银行和中国农业银行各注资 200 亿美元，也成为这两家政策性银行的首要股东（People's Daily 2008；China Development Bank 2008）。在这些发展势态的背景下，沃尔特和豪伊（Walter and Howie 2011:132）认为中投的成立与对汇金的接管已经导致了"金融体系恢复到了 2003 年之前的原状，央行和市场化改革阵营被进一步削弱"。

由于汇金的投资，中国主权财富基金最初只有略多于 900 亿美元的资金可以投资于国际市场。从金融的角度看，接管利润很高的汇金让中投显然获益不少，它可以用其得到的中国国有金融机构的分红对财政部发行的债券还本付息。但是,接管战略控股公司也让主权财富基金纯商业投资者的定位显得可疑(Eaton and Zhang 2010:496)。此外,像史宗翰(Shih 2009:304)所指出的,这一金融安排可能成为银行业改革的另一严重障碍,因为它将创设激励让中投"作为中国国家银行的主要游说团体行事",让其尝试"说服政府限制银行业的竞争,减慢外资进入速度,设定利率以让银行获得可观的利差并在不良贷款比例上升时获得政府帮助"。

为了强调中投与汇金的分别并"明确责任划分"(CIC 2012:5),中投的证券投资组合被转交给中投国际——一家于 2011 年 9 月新成立的子公司。自那时起,中投国际就一直负责该公司海外资产的管理。紧随此次组织调整,中投国际又获得了 300 亿美元进一步把中国外汇储备多元化(CIC 2012:5)。

中投的第一个海外投资系列行动主要集中在美国金融机构上。让世人瞩目的第一步是向美国私募股权公司黑石投资 30 亿美元,接着又向投行摩根士丹利投资了 56 亿美元。由于全球金融市场的动荡,中投公司在最初的海外投资上不得不蒙受巨大损失,因此不但面临中国领导人而且也面临着中国公众的严厉批评。这家主权财富基金于是在 2008 年采取了更为谨慎的投资策略,决定将其全球投资组合的大部分投放于银行存款、货币市场基金和短期票据等现金基金(CIC 2009:33—35)。不过,它在同一年还投资了 40 亿美元给专注于收购处在困境中的西方金融机构的美国私募股权公司 JC·弗劳尔斯(JC Flowers)管理的一只基金,但没有向公众披露这一投资(第 13 次访谈;第 15 次访谈;Sender 2008b)。多亏其在国内银行业的股权,中投在 2008 年获得了将近 7% 的总资本回报率,尽管其全球投资组合的收益是个负数(CIC 2009:34)。在随后的几年里,中投的投资活动集中于公开交易股票以及在基础设施、能源、矿业与房地产领域的直接投资(CIC 2013:31)。到 2012 年底,中投海外投资组合的 64% 由外部管理(CIC 2013:36)。从 2007 年建立到 2012 年底,中投的海外投资组合获得了累计 5% 的年化收益率(CIC 2013:35)。

国家外汇管理局

国家外汇管理局(以下简称"外汇局")是中国央行的下属机构,传统上一直负责中国外汇储备的管理。外汇局主要把中国的外汇储备投资于安全且流动性高的资产类别,但只获得了相当低的回报。虽然外汇局不公开其投资组合的构成,但其持有的美元资产数量可以通过美国财政部公布的美国财政部国际资本流动数据(The Treasury International Capital,TIC)了解到。由于中国的资本管制,可以认为由中国实体购买的美国有价证券的大部分都是外汇局投资组合的一部分。不过,由于外汇局离岸子公司以及第三方基金管理者的投资行动并不计入美国财政部有关中国的数据名下,美国财政部国际资本流动数据可能会低估中国官方实际持有的美元数量(Setser and Pandey 2009:2)。

根据美国财政部国际资本流动数据,中国持有的美国有价证券的主体是长期的美国政府证券。直到 2011 年,中国还在增加其持有的美国国债数量,不过 2012 年中国投资组合中的美国国债数量下降了。直到 2008年,中国都在增加其美国机构债券的持有数量,但此后则开始减持(参见图 5.4)。从占中国外汇储备总量的比重来看,美国证券的比重在近些年里一直显著减少——从 2006 年的 66%减少到 2012 年的 48%(参见图 5.5)。我们可以认为,从美元转向多元化的进程与增持以欧元计价的证券的情况是同时发生的。

由于缺少可靠信息来源,中国外汇储备投资于非美元资产的那部分的构成细节无从知晓。可以预测的是,它们主要被投资于以欧元计价的

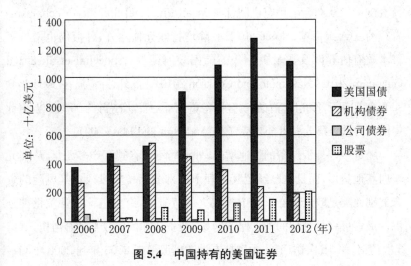

图 5.4 中国持有的美国证券

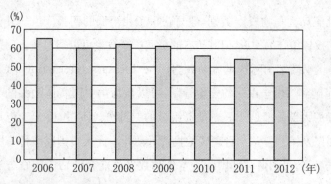

资料来源：SAFE 2012b，2013c；TIC n.d.。外汇局提供的是每年年底的数据，美国财政部国际资本流动数据提供的是每年6月底的数据。

图 5.5　中国持有的美国证券占中国外汇储备的百分比

证券上，以及数量少一些的以日元和英镑计价的证券上。随着中国外汇储备的增加，外汇局一直在逐渐地推进外汇投资组合多元化，从美元转向欧元。据报道，2009年外汇局由于担心美元贬值而加速增持欧元。一年后，面对欧元区债务危机，有传言外汇局正在试图减持欧元（Okay and Anderlini 2010）。不过，根据英国渣打银行的研究，外汇局已经购买了大量由欧洲金融稳定基金（European Financial Stability Facility）发行的三A级债券，该基金是欧元区成员国为了支持货币区内陷入困境的国家而创设的一种投资工具。据报道，外汇局还购买了数量少一些的由欧盟委员会支持的欧洲金融稳定机制（European Financial Stability Mechanism）发行的三A级债券（Noble 2011）。除增持欧元债券外，外汇局也增持了日本政府债券以及数量少一些的韩国政府债券（Anderlini et al. 2010；Garnham 2010；Nakamoto and Cookson 2010）。此外，外汇局在2003年到2009年期间几乎将其持有的黄金储备量翻了一番，增持至1 000余吨，由此中国成为世界第五大贵金属持有者（Anderlini and Blas 2009）。

随着中国外汇储备的快速增长，外汇局不仅将其资产多元化，从美元转向其他货币，而且也已经把其管理下的部分储备转投入更具风险的资产类别而不是政府债券。在中投成立的背景下，有报道称国务院批准外汇局最多可将其管理的外汇储备的5%投资于非固定收益的金融资产（第3次访谈，第15次访谈）。中国持有的美国股票在2006年到2008年间显著增长,然后在 2009 年被削减,此举可能是应对这些投资因全球金融危机而遭受的惨重损失,此后所持股票开始再度增长(参见图 5.4)。2008年,外汇局购买了澳大利亚、法国和英国公司的少量股权,投资领域主要集中在金融公司与资源行业(Anderlini 2008b)。同一年,外汇局还向美国私募股权投资公司德泰(TPG)所管理的一只基金投资了 25 亿美元,这笔投资也不得不蒙受了巨额损失(第 15 次采访,Sender 2008a)。2011年,外汇局被披露购买了世界最大的再保险公司——德国公司慕尼黑再保险(Munich Re)——超过 3%的股权(Wilson and Anderlini 2011)。

由于更具风险、较少流动性的投资应当由中投来完成,外汇局的股票投资令人惊讶。然而,不断增加的冲销成本和以人民币衡量的外汇储备持续贬值加重了央行资产负债表的负担,并引发了其将不得不让财政部注资从而可能削弱央行在官僚体系中地位的担忧(Zhang 2008)。由于这一原因,外界相信外汇局试图通过采取更具风险的投资策略来提高其管理下的外汇储备收益。此外,外汇局可能一直在试图展示其有能力获取比中投获得更高的回报的能力,以防止外汇储备被进一步转交给国家主权财富基金(Heep 2009b)。

中国的关系性金融权力

通过比较中国的超额储备规模和估计中国资本外流的可能持续时间,下文考察中国的关系性权力。此外,下文还将分析中国对这些资本外流的管制以及中国相对其主要债务国美国的脆弱性。最后,通过调查中国运用债权国权力的尝试,下文将试图深化我们对中国关系性金融权力的理解。

中国资本外流的规模和持续时间

至 2012 年年底,中国超额储备达到 23 550 亿美元。中国可以用这一庞大储备给美国巨大的公共债务余额的 14%融资。或者,只是用它超额外汇储备的 28%,中国就可以给为对抗欧元区债务危机而设立的欧洲稳定机制(the European Stability Mechanism)融资。中国也可以仅仅用它超额储备的 7%,为发展中世界提供数量等同于 2011 年官方发展援助总量的援助。在这一比较背景下,很明显的是,如果仅仅从其超额储备的规模来看(参见图 5.6),中国的关系性金融权力是相当大的。

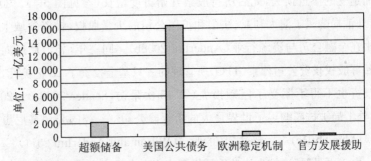

资料来源:Treasury 2012;OECD:Query Wizard for International Development Statistics。官方发展援助数额为 2011 年数据,是可获得的最新年度统计数据。

图 5.6　比较视角下的中国超额储备(2012 年年底)

就中国储备资金外流的持续时间而言,情况就不那么明朗了。一直以来,中国外汇储备的快速积累来自反映中国出口部门成功的经常账户盈余,在较少的程度上,来自反映中国对外商直接投资吸引力的资本账户盈余。如果保持这些盈余,中国外汇储备将只会继续增长,然而在这方面难以作出任何预测。就流入的外商直接投资而言,日益增加的劳动力成本也许会导致生产基地从中国迁移至在这方面更有竞争力的其他国家。然而,到目前为止,不断攀升的薪酬似乎一直被生产率的上升所抵消。而且,日益增加的劳动力成本也会导致劳动密集型产业的生产转移,但高科技企业日益被中国的基础设施和中国工人的技能所吸引(Brown 2011)。因此,一方面,中国也许正好能够继续获得大量的外商直接投资。另一方面,中国逐步增长的海外投资也许将在随后几年里减少它的资本账户盈余。

然而,决定中国外汇储备未来的积累速度和其债权国地位最重要的单一因素是中国经常账户盈余的发展。金融抑制体系使中国依赖投资和出口的发展模式,这种模式带来了大量的经常账户余额和巨额外汇储备的积累。既然对这一体系的根本变革将会损害许多最有影响力的博弈者的既得利益,自愿变革的前景似乎是不太可能的。然而,中国的政治经济体制可能受到那些使金融体系自由化不可避免之压力的影响。面对最近出口增长的放缓和因之而来的经常账户余额的下降,中国增长模式的可持续性已经变得很令人怀疑。

如果有一个自由化的金融体系,中国也许依然能够管理大笔的经常账户盈余,并且因此能够保持它的债权国地位。然而如果资本账户开放且汇率灵活,这一盈余将不再被转变成国家储备,而是被私人部门所持有。外国资产从公共部门向私人部门的转移,将会极大影响国家所维持的对本国资本流出方向的管制程度,由此影响中国债权国地位的关系性金融权力的一个关键的决定性因素。因此,可以认为,一个有着自由政治经济体制和外国资产集中于私人部门的债权国中国,在潜在的债务国看来,所构成的威胁看起来将要小得多。

政府对中国国外资产的控制

中国国外资产为官方储备所主导这一情况,使政府能够对国家资本外流施加一定程度的管制,这种管制程度要大大高于日本政府和沙特阿拉伯政府的管制程度,在日本是私人机构主导着资本流动,而在沙特阿拉伯是通过西方银行周转它的盈余(Chin and Helleiner 2008:98—99)。然而,中国政府管制国家资金外流的这一情况,不能与一种有关权力中心的观点相混淆,该观点认为权力中心根据战略总体规划作出投资决定。如前文所示,中国政治经济体制的分割型权力结构和官僚机构的特点,在国家主权财富的管理中也发挥着重要作用。中国的分割式权威主义对中国的关系性金融权力问题至关重要,原因是中国储备管理所涉及的政府机构通常更关心它们自己在官僚体制中地位的改善,而不是考虑作为一个整体的中国政府的权力稳定。因此,中国的投资机构不可能采取这样的策略:即可能提升中国的关系性金融权力,但以逐渐降低的投资回报为代价。因为投资回报下降将会危及它们的资产负债表,并削弱它们在官僚体系中的地位。[12]然而,即使官僚机构在中国的常规决策中发挥中心作用,我们也必须意识到这一事实,即中国在危急时刻的决策过程倾向高度集中的方式。虽然正常时期以高昂成本运用权力看上去不大可能,但在威胁中国政权存续的形势下对关系性权力的战略性运用,这一方式并不能被排除掉。[13]

中国对其主要债务国的脆弱性

任何对中国关系性金融权力的评估都不得不把中国对其主要债务国

的脆弱性考虑在内。[14]中国对美的脆弱性主要在于中国以债务国货币提供贷款,这一情势使中国易受美元贬值的影响。由于持有巨额美元资产,中国的主权财富基金管理者无论何时试图大规模地减持美元转向多元化,都会面临触动美元贬值的风险。因此,任何通过撤回投资或蓄意倾销美元以操控其汇率,对美国施加金融压力的尝试,都将让中国为之付出沉重代价。用科什纳(Kirshner 1995:117—119)的话来说,中国因此已经被美国"诱陷"。通过获得大量美元计价资产,中国的货币利益已被转变为与主要债务国利益相一致。中国的关系性金融权力因此已经被美国持续的结构性金融权力所制约,于是"中国已经成为美元区的核心组成部分"(Chin and Helleiner 2008:92)。

中国资金撤离美国金融市场也可能产生对中国出口导向型增长战略不利的后果。根据新布雷顿森林体系的假设,中国一直在投资美国的证券市场,以便为美国消费中国出口产品融资。因此,中国资金撤离美国可能损害中国经济增长的前景。然而,随着中国贸易持续的多元化和欧盟与发展中世界在其贸易伙伴关系中地位的日益上升,"这一金融支持的战略逻辑变得不那么令人信服了"(Chin and Helleiner 2008:95)。

中国主要债务国对中国的脆弱性

就对一个债权国关系性金融权力的评估而言,其主要债务国的脆弱性也需要被考虑进来。正如德雷兹内(Drezner 2009:18)所指出的,一个债权国对其债务国使用金融手段的权力,严重依赖一个问题,即债务国是否掌握其他信贷来源。正如第二章所解释的那样,美国在这一领域享有"嚣张特权"(exorbitant privilege),这一特权源于美元的核心货币地位和美国金融市场的吸引力。美联储前主席艾伦·格林斯潘(Alan Greenspan)由此认为外国央行减少购买美国国债将不会导致融资问题,因为官方投资者将被私人投资者取代(Setser 2008:15)。然而,其他人也注意到这样的情况:私人投资者没有抵消外国央行购买行为的变化,反而也可能追随储备管理者的步伐,由此给美国政府施加相当大的成本压力(Setser 2008:16)。在任何情况下,我们都不应该认为美国获取外国金融支持的能力是无限制的。到目前为止,美国预算赤字在全球金融危机后的快速增长还没有耗干美国的其他信贷来源,因为危机已经引起消费水平的下降,从而减少美国经常账户赤字并扩大美国国内的信贷来源。然而,从长期来看,如果美国政府开支上升至国内储蓄增长再也无法与之匹配的高点,美国对中国金融支持的依赖可能会增加(Drezner 2009:20—21；44—45)。

除了债务国可以掌握的其他信贷来源这个问题,债务国的货币机制也影响着债权国影响债务国行为的能力。如德雷兹内(Drezner 2009:20)所指出的,保持固定汇率机制的债务国特别容易受到债权国运用关系性金融权力的影响,因为后者可以强迫它们放弃货币挂钩。然而,如果债务国维持浮动汇率制,债权国仅能够通过触发债务国货币大幅贬值来使债务国付出严重代价,而这也使债权国蒙受重大损失。中国相对于美国的金融权力因此被美元的浮动汇率机制严重削弱。

中国使用关系性金融权力的尝试

迄今为止,中国是怎样使用其关系性金融权力的,它影响主要债权国的尝试又有多成功？德雷兹内(Drezner 2009:31—42)已经分析了中国政府在 2008 年夏季的尝试,它敦促美国去保护中国以美元计价的金融资产的价值。当时美国的抵押贷款机构房利美和房地美都徘徊在破产的边缘,中国主权财富金经理们在这两家企业面临很大的风险。德雷兹内指出,中国的压力助推了美国财政部接管抵押贷款机构的决定。然而,美国财政部既没有为抵押贷款机构的债券提供明确的担保,又没有屈服于中国的坚决要求。中国要求为中国在美国的金融机构、私募股权基金和货币市场基金的投资提供特别保护,而这些投资的市场价值已经大幅下跌。而且,美国完全忽视了中国的如下尝试:中国试图迫使美国实施更为严格的货币与财政政策,以阻止中国外汇储备价值的进一步损失。

首先,中国如果大规模地减持美元以追求多元化,将使自己付出沉重代价,美国对这一事实的认识,能够解释为什么美国不愿屈服于其主要债权国 * 之一所施加的压力。[15]其次,美国知道中国将资产多元化的能力受到缺乏替代性投资机会的限制。此外,美国可能也理所当然地认为它还

---

　　* 此处原文为"The unwillingness of the US to give to the pressure of one of its debtors can be explained by ...",根据上下文,译者认为此处"its debtors"(它的债务国)应为笔误,作者的本意应为"its creditors"(它的债权国),因此在中文译文作出更正。——译者注

有可供支配的其他信贷来源。然而,尽管中国影响美国决策的能力迄今一直受到限制,中国相对其主要债务国的金融权力却也可能会变强。如果中国决定加速本国外汇储备的多元化,并且美国预算赤字增加了美国政府向外借款的需求,中国的主要债务国到时也许变得更加愿意屈服于其债权国的渴望(Drezner 2009:45)。

并不令人惊讶的是,中国从替代性信贷来源较少的国家获得政策让步的努力,一向是更为成功的。中国通过给外国实体提供贷款,成功地获得了商品供应。2009年,中国向俄罗斯的石油公司提供了250亿美元贷款,作为回报,这些公司同意未来20年从西伯利亚新油田向中国供油。这一交易是在金融危机期间达成的,当时俄罗斯的能源巨头们需要大规模的再融资(Belton 2009)。同年中国与巴西石油公司(Petrobras)签订一项协议,根据该协议,中国将为巴西沿海水域的石油和天然气储备开发提供多达100亿美元的贷款,以换取石油供应(Wheatley 2009b)。中国与哈萨克斯坦、委内瑞拉达成了类似的贷款换石油协议。[16]

一直以来,中国不断增加的外汇储备,也使中国通过增加对亚洲、拉丁美洲和非洲的对外援助,增进了与其他发展中国家的关系。既然中国愿意提供优惠贷款且不要求债务国采取痛苦的经济结构调整措施,它常常被认为是一个比国际货币基金组织或世界银行更具吸引力的债权者,国际货币基金组织或世界银行在许多情况下是发展中国家拥有的唯一替代性信贷来源。通过把金融支持从美国转向发展中世界,中国由此能够在相当大的程度上增强金融影响力。

让很多观察者非常惊讶的是,迄今为止,中国拒绝尝试通过提供大量资金支持欧元区成员国对抗主权债务危机的方式,来获取欧元区的让步。可以认为,中国在这一方面的犹豫源于这一事实,即为救援挥霍的西方国家而拿一个发展中国家的血汗钱冒险的想法,在中国公众中是非常不受欢迎的。在这一问题上,中国著名的清华大学的经济学教授、中国央行货币政策委员会委员李稻葵(转引自 Anderlini and Milne 2011),已经指出:"帮助欧洲符合中国的长远利益和内在利益,因为欧洲是我们最大的贸易伙伴,但中国政府的主要顾虑是如何向我们的人民解释这一决定。"他(转引自 Anderlini and Milne 2011)指出:"中国最不想干的事情就是抛掉国家财富却被视为傻钱提供者"。

金融抑制与债权国权力

　　中国和日本这两个发展型国家获取结构性金融权力的潜力,都一直严重受到国家金融抑制体系的制约。然而,这两个体系也一直都非常有利于获得关系性金融权力。依赖于把资金导入产业发展和确保国家对经济控制的金融抑制体系,这两个国家的决策者必须推动依赖投资和出口的增长模式,这种模式产生了大量的经常账户盈余,并把国家由此转变为净债权国。中国式的金融抑制体系,是把以信贷为基础的体系、政府管制价格与主导金融机构国家所有制结合在一起,已被证明特别有利于关系性金融权力的发展,因为这一体系允许政府以外汇储备的形式积累剩余,同时不会失去对储备积累之货币影响力的控制,而且由此给政府提供了对国家资本外流的常态化的高度控制。

　　中国的国外资产到目前为止以外汇为主的事实,已经使政府能够对国家资本外流施加一定的控制,其控制程度远远高于私人金融机构主导资金流动的日本。然而即使是在中国,高层领导人在有关国家外部资产投资的决策上也是受限制的,而且必须要考虑管理国家主权财富基金的政府机构的官僚利益。此外,中国能否保持对国家资本外流的高度控制,从长期来看也是不确定的。只要中国拥有经常账户盈余,就将继续出口资本。然而只要中国拒绝金融体系自由化,拒绝允许其经常账户盈余与私人部门的对外投资相匹配,它的资本出口就将继续仅由外汇储备所主导。

　　就对主要债务国的脆弱性而言,中国和日本都已经受到来自美国结构性权力的不利影响。以债务国的货币提供贷款,两国都使它们自己易受美元贬值的不利影响。因陷入美元陷阱,它们不能够在把资产多元化的同时不冒资产大量损失的风险。此外,美国无与伦比的筹资能力,一直使它在很大程度上能抵制债权国的压力。然而,面对着日益上升的与投资相关联的成本,中国和日本都已经愈发不愿意继续其对美国的金融支持。

由于政府控制本国资本流出,中国已经能够被视为一个比20世纪80年代的日本更有权力的债权国。如果它决定把现存的美元资产多元化,转向为弱小的债务国提供金融支持,中国或许能很好地增加其关系性金融权力。然而,即使中国可能掌控了更高程度的关系性金融权力,它也不是必然愿意使用这种权力。自2006年开始对超额外汇储备的争论以后,中国精英一直在试图发现运用这些储备以促进中国经济发展的道路。考虑到中国仍是发展中国家这一事实,这样的争论焦点并不让人意外。尽管瞄准发展目标的投资策略也许涉及关系性金融权力的运用,中国的贷款换石油交易就是这样的情况,但这些策略也能削减此项权力,如果中国花费其外汇储备去建立战略石油储备,情况可能就将如此。

而且,中国对其储备价值损失的担忧不应被低估。既然中国央行必须通过发行国内货币票据来冲销其储备积累的通胀效应,那么储备积累的增加总是伴随着公共部门负债的增加。所以,中国将不太可能实施代价高昂的投资策略以投射它的关系性金融权力,因为这将损害中国主权财富管理者的资产负债表,从而威胁他们在官僚等级体系中的地位。此外,中国的民众把中国储备视为自己的劳动果实,中国储备的大量损失将导致他们的愤怒。然而,虽然在正常环境下代价高昂的关系性金融权力不大可能被使用,但在面对严峻危机时,中国也许愿为旨在实现外交政策目标的投资打击付出代价。因此,有一项差异至关重要,即与日本相比,中国不是其主要债务国的盟友。

注　释

1.伊藤诚(Itoh 1990:173)指出,日本政府债券仅占美国政府年收入的12%和英国政府年收入的9%。

2.日本在20世纪70年代中期就开始转向出口导向型增长模式,然而在20世纪80年代才达到全面推进的状态。

3.第二节部分引用希普的观点(Heep 2009a,b,2008)。

4.有关储备积累动机的详尽论述请参见Aizenman and Lee(2006)。

5.有关储备积累的成本的详尽论述请参见Mohanty and Turner(2006)。

6. 根据中国国家外汇管理局（SAFE 2012c）的数据，中国的短期外债在 2011 年末达到 5 010 亿美元，这是能得到的最新数据。根据商务部（MOFCOM 2013）的数据，2012 年中国进口达到 1.818 万亿美元。上文采用了珍（Jen）和圣阿诺（St-Arnaud）计算超额储备的方法。

7. 机构债券由美国政府所支持的机构发行。这些债券由美国政府资助，但并未获得政府担保。最重要的机构是联邦国民抵押贷款协会（房利美）与联邦住宅贷款抵押公司（房地美）。

8. 只要中国的利率低于美国，中国央行通过在发行人民币票据的同时用其储备购买美国国债，就能获得利润。然而，自 2008 年起，由于货币循环中的反转，中国央行在人民币票据上的支出已经超出其从美国债券上获得的收益（McGregor 2008a）。

9. 根据张明与何帆（Zhang and He 2009：102）的著作，2005 年中国的外商直接投资年均回报率为 22%，而在 2001 年到 2007 年间，美国国债的利率在 3% 到 6% 之间浮动。

10. 中投亏损的投资包括购买的私募股权公司黑石（Blackstone）和投行摩根士丹利（Morgan Stanley）的股权，以及对一家货币市场基金——主要储备基金（the Reserve Primary Fund）——的投资。

11. 一位被访谈者指出（第 38 次访谈），中投不排除同中国公司进行海外联合投资，但不打算为中国公司的海外投资活动提供贷款。

12. 赫莱纳（Helleiner 2009）已指出，主权财富基金的行为普遍受到国内政策考量而非对外政策考量的驱动。

13. 中国政治决策中的"正常模式"与"危机模式"之区别，请参见 Heilmann（2004：42—43）。

14. 可以说，为了分析清晰起见，在债权国的权力和它为运用权力而支付的代价之间进行区分是必需的。在这个意义上，一个债权国对其债务国的脆弱性将不会决定其关系性金融权力的大小，但只会影响与运用这种权力相关的那些成本。然而，和这一区分有关的问题是，与可能之权力运用相联系的高成本降低这种运用的概率，由此通过使债权国的威胁不那么有效来削减债权国的权力。换言之，虽然一个债权国对债务国的脆弱性不影响前者向后者施加那些可导致后者行为转变之成本的能力，但这种脆弱性削弱了前者迫使后者做出前者所期待之具体行为转变的能力。

15. 可以认为，只要撤资的威胁在这种情境下是不可信的，债权国敦促债务国为债权国的资产作出担保就仅是一个特别个案，因为撤资行为将导致的价值损失，恰恰是撤资方当初想要去阻止的。

16. 尽管这些贷款并不是由中国主权财富金管理者而是由国家开发银行提供的，交易仍然涉及中国外汇储备的使用。

第六章
布雷顿森林机构内的发展型国家

如同第二章所解释的那样，制度性金融权力是指一个国家是通过国际金融机构尤其是国际货币基金组织和世界银行的决策，来影响其他国家行为的能力。一个国家制度性金融权力的主要来源是它的投票权、资金贡献以及其在这些机构的雇员与管理层中的代表性（Woods 2003b）。运用制度性金融权力的主要机理是一个国家去影响这些机构的信贷提供及其提供的条件。如果一个国家以操纵的方式运用其制度性金融权力，那么其运用权力的目标通常处于经济利益领域。然而，原则上任何目标都可通过运用制度性金融权力实现。

本章的内容根据这些考量加以安排。第一部分通过分析投票权的分配、资金贡献和雇员及管理层的构成，来描绘国际货币基金组织和世界银行的权力结构。第二部分审视了日本增加本国制度性金融权力的尝试和日本在 20 世纪 80 年代及 90 年代对"华盛顿共识"的挑战。第三部分通过分析中国在布雷顿森林机构中逐渐增加的投票权、审视其日益增加的融资贡献和考虑其在雇员及管理层中不断改善的代表性，评估了中国的制度性金融权力。本部分还揭示了中国一直以来在国际货币基金组织和世界银行中所推行的政策。第四部分把中国对国际货币基金组织和世界银行的政策与日本发展型国家的政策进行了对比。

国际货币基金组织和世界银行的权力结构

接下来的内容分析布雷顿森林机构的投票权分配、资金贡献以及雇员和管理层的构成,因为这些要素决定了制度性金融权力在机构成员国间的分配。

投票权

一个国家的投票权是其制度性金融权力的最重要来源。国际货币基金组织和世界银行都依据加权投票原则运行,该原则"被设定为反映每一个成员国在全球经济中的地位"(IMF n.d.-a)。每一个成员国都被分配了一个份额,这个份额决定了它对该机构的融资承诺和投票权。就国际货币基金组织而言,这个份额还决定了成员国从该机构所能获得的资源。除反映成员国投票的份额之外,投票权也包含基本票,基本票旨在保证全球经济中无足轻重之成员国的影响力。成员国每年可获得的贷款额度最高为其份额的 200%,累计为 600%。在遭遇严重危机时,成员国还可以获得额外资源(IMF 2012b)。

对成员国间份额的重新分配通常需要一次份额的普遍增资,普遍增资的决定可在至少每五年一次的普遍份额检查过程中作出。这些检查要解决的议题是依据成员国在国际收支平衡上的融资需要及成员国在世界经济中相对重要性的变化,判断国际货币基金组织资金的适宜性。偶尔在普遍份额增资之外还会进行份额的特别再分配。份额的变化需要得到总投票权的 85% 多数批准以及受影响国家的同意(IMF 2012b)。

虽然有观点认为份额公式表明投票权的分配是一个纯粹的技术问题,但份额的配置"一直以来都是深度政治化的"(Woods 2003a:958)。正如同拉普金和斯特兰德(Rapkin and Strand 1997:272)指出的,份额是"由协商而非一个机制化的过程决定的"。随着时间的推移,份额分配上的几个变化都是旨在随着国际政治经济中的变化重新调整份额分配。布雷顿森林机构在第二次世界大战结束时建立,当时美国拥有国际货币基金组织和世界银行30%以上的份额,但在接下来的几十年里,它拥有的份额比例逐渐下降至17%(Helleiner and Momani 2007:12)。但是,美国一直是国际货币基金组织内唯一因份额占比获得重大决议否决权的股东。近几十年来,美国身后还排着日本、德国、法国和英国等国际货币基金组织的大股东。但是,在全球金融危机的大背景下,投票权的分配已经发生了重大变化。该机构投票权最近的分配改革和随后份额向新兴市场和发展中国家的转移,将在本章的第三部分加以论述。

世界银行的主要机构——国际复兴开发银行(the International Bank for Reconstruction and Development,IBRD)——的股权直到最近在很大程度上还都是由国际货币基金组织的份额决定的。[1]然而,在最近二十年里,国际复兴开发银行的资金增长并没有严格保持这种对应。国际复兴开发银行的股权偶尔被调整,以反映各成员国对国际开发协会(International Development Association,IDA)的资金贡献,国际开发协会是世界银行对世界最贫穷国家的软贷款(soft-loan)机制(World Bank 2010:3)。2010年,世界银行的成员国批准了对世界银行投票权利体系的一项改革,这使世界银行独立于国际货币基金组织的份额公式。正如国际货币基金组织一样,这一改革导致了投票权向新兴市场和发展中国家转移。这一改革也将在本章的第三部分加以论述。国际开发协会的投票权独立于国际复兴开发银行的投票权,并且只反映了其自身成员国的资金贡献。然而,国际复兴开发银行的投票权分配决定了国际开发协会董事会的结构,这样的安排也应用于国际金融公司(World Bank n.d.-a)。

国际货币基金组织和世界银行的治理规则都规定影响机构政策的决议需要85%多数通过,从而确保了作为机构最大股东的美国可以否决重大决议和阻止它自己投票权的减少以及其他成员投票权的增加(Rapkin and Strand 1997:273)。卡勒(Kahler 1990:100)指出,由于美国份额的持续下降,这样的特别多数对于美国保持对布雷顿森林机构的影响日益重要。政策决议需要特别多数,而更多的常规决议仅需要简单多数。

布雷顿森林机构最高的决策机构是理事会,由各成员国的一位理事和副理事组成。国际货币基金组织和世界银行的理事会通常一年开一次会,讨论机构的工作并制定关于机构运行的战略决策。虽然国际货币基金组织和世界银行的所有权力都被授予它们的理事会,但大部分权力一直被委托给负责机构日常工作的执行董事会。在两个机构的理事会所保留的权利中,有批准接纳新成员国和修改《协定》(Articles of Agreement)的权利。就国际货币基金组织而言,理事会也保留了批准份额增加和特别提款权分配的权利。就世界银行而言,理事会也保留了改变股本、决定世界银行收入分配和增加执行董事数目的权利。虽然所有成员国在理事会都有代表,但只有最大的股东们才有权在执行董事会任命它们自己的董事。24 名执行董事中的其余董事由成员国分组选举(IMF n.d.-b; World Bank n.d.-b)。虽然国际货币基金组织和世界银行的执行董事会依据共识运行,但是投票权仍旧相关,因为投票权"在决定任何一个议题的共识范围时都被考虑在内"(Woods 2003b: 111)。

资金的提供

与联合国相比,国际货币基金组织和世界银行的核心融资并不依赖于成员国的年度缴费。因此它们更能不受制于成员国通过威胁拒绝缴费所施加的政治压力。然而,每一个机构的部分资金依赖于成员国提供融资支持的意愿,因而要给那些投票权小但金融资源丰富的国家一个增加其在机构内话语权的机会(Woods 2003a:961, 2003b:98)。

国际货币基金组织的大部分资源由成员国支付的份额提供。这些份额至少每五年被检查一次,如果增加份额被断定为是必需的,就给了那些金融上强大的成员国一个施加政治压力的机会。此外,国际货币基金组织的借款能力被新借款安排(the New Arrangement of Borrow, NAB)——一个多边借款安排——所增强,如果国际货币基金组织的资金被认为不足以满足成员国的需要,新借款安排就可以启动。新借款安排最初是在墨西哥金融危机之后建立的,人们担心需要更多的资金去成功应对未来的金融危机。在 2008 年全球金融危机的背景下,新借款安排被改进,其总借款能力获得了极大的提高。中国、印度、巴西和俄罗斯均是为被改造的新借款安排作出最重大贡献的国家之一(IMF 2012c)。[2]

与国际货币基金组织相比,国际复兴开发银行相对于成员国的金融独立性要高得多,因为它在世界金融市场上筹集资金,然后主要贷款给发展中国家。它的 3A 级债券由成员国的资本承诺支持,成员国的资本承诺起到了向债权者提供担保的作用(World Bank n.d.-c)。相比之下,国际开发协会对最贫穷国家的无利率贷款和赠款依赖于其成员国的融资贡献。国际开发协会的捐赠者们每三年开一次会,审查国际开发协会的政策和补充资金。对国际开发协会资金的最近一次补充是在 2010 年,补充金额高达 328 亿特别提款权或 493 亿美元,创下历史纪录(World Bank n.d.-d)。[3]伍兹(Woods 2003B:101)指出,作为国际开发协会最大的捐款国,美国已经反复"使用威胁减少或拒绝向国际开发协会捐款,以求政策变动,不仅有国际开发协会的政策变动,而且有作为一个整体的世界银行的政策变动"。这在 20 世纪 70 年代末曾发生过,当时正在进行国际开发协会第六次资金补充谈判,美国逼迫世界银行拒绝向越南提供贷款。1993 年也发生了这样的事件,在国际开发协会第 10 次资金补充的背景下,美国要求创建独立审查小组(Independent Inspection Panel)。

雇员和管理层

在雇员政策上,国际货币基金组织和世界银行不同于迄今为止的大多数国际机构,因为它们没有国籍配额以保证成员国不仅在机构的管理部门有正式代表,而且在机构的职业雇员上也有非正式的代表(Woods 2003b:108—110)。[4]此外,英语被确立为它们唯一官方语言的事实,也抑制了不同国籍的代表在职业雇员里的分配。研究世界银行的历史学家由此认为"从很早的时候起,就存在雇员同质化的倾向"(Kapur et al. 1997:1167),雇员政策偏好以英语为母语者和英语授课大学的毕业生,这扭曲了雇佣决定,从而把盎格鲁—撒克逊的自由主义植根于机构的运行之中。

与这一观点相一致,一项 1991 年的对世界银行政策、研究和对外事务部门的调查发现,大约 80% 的高级雇员毕业于美国或英国院校,由此这项调查提出"一个问题:这些职业研究人员是否过于同质化,因此以一种特定的方式看待世界"(Stern and Ferreira 1997:587)。与此相似,一份 1968 年对国际货币基金组织高级雇员的国籍分析显示,54 名雇员里有 32 位分别来自 4 个讲英语的国家:美国(23)、英国(6)、加拿大(2)和澳大利亚(1)(Strange 1973:269)。另一份 1996 年所作的调查显示,尽管国际货币基金组织的专业人士只有 41% 来自讲英语的工业化国家,但当年所雇用的具有博士学位的员工有 90% 毕业于美国或加拿大的大学(Clark 1996:9)。

就雇员与管理层遴选的正式规则而言,国际货币基金组织和世界银行的首脑是由它们的执行董事会任命。实践中,国际货币基金组织总裁一直是西欧人士,世界银行行长和国际货币基金组织第一副总裁一直是美国人。根据《国际货币基金组织协定》和《国际复兴开发银行协定》,两机构的首脑在得到执行董事会批准后,任命他们的专业雇员。然而,正如伍兹(Woods 2003b:109)指出的那样,对于所有涉及高层人员的决议来说,"美国的批准事实上是必需的"。在部门负责人这一层级之下,雇员是由高层管理者任命的,然而"即使是在这一较低的层级上,美国也一直采取一定措施以确保本国国民有为这些机构工作的充分动机"(Woods 2003b:109)。

日本对"华盛顿共识"的挑战

接下来的内容分析日本对国际货币基金组织和世界银行更大投票权的奋力争取,分析这个国家对"华盛顿共识"的挑战并研究它的亚洲货币基金倡议。

争取更大投票权

至 20 世纪 70 年代后期,日本在布雷顿森林机构中没有发挥重要作用。只是在 20 世纪 80 年代早期,当时日本开始成为主要的国际债权国并且对国际货币基金组织和世界银行的捐款大幅增加时,日本开始奋力争取增加投票权。正如拉普金和斯特兰德(Rahkin and Strand 1997:276)所提出的观点:"日本长期追求着与其客观成就和能力相配的国际地位和声誉,这种尝试只是其中新近奏响的一个篇章。"

在 20 世纪 80 年代早期,日本专注于努力增加在世界银行的投票权。尾形(Ogata 1989:18)指出,"国际复兴开发银行的股权调整有着超越投票数目大小的象征性意义",而且为获得在世界银行更有影响力地位的努力被日本金融当局"比作修改明治时期不平等条约的奋斗"。日本谋求更大影响力的尝试最初遭到美国的强烈抵制,美国不赞同世界银行资本的全面增加。拉普金和斯特兰德(Rahkin and Strand 1997:280)认为,美国的保留态度不仅源于美国国会的预算考量,而且受到"罗纳德·里根的首届政府对国际组织持意识形态上的蔑视态度"的影响。

此外,美国把其对日本在世界银行更显著地位的批准与那些一直以来烦扰两国双边关系的议题联系起来(Rapkin and Strand 1997:281;Ogata 1998:15)。如同在此前的章节里所解释的那样,美国意图减少贸易赤字,为此决定督促日本的金融市场自由化和货币国际化。华盛顿因此决定利用日本增加其在世界银行投票权的愿望,强化对日本金融体系改革的压力。美国官员基于日本金融行业的国际孤立状态,公开质疑日本在布雷顿森林机构扮演一个更负责任角色的能力。就像财政部长唐纳德·里根所表述的那样,"就其金融市场而言,日本并没有像一个第二强国那样行动"(转引自 Ogata 1989:15)。

面对如此抵制,日本向国际开发协会进行了捐款,条件是大幅增加其在世界银行的投票权。然而,在与之同时举行并最终缔结了《日元—美元协议》的谈判中,日本也屈服于美国的自由化压力,主要表现是在欧洲市场的日元债券发行上推行更为宽松的规则(Emmott 1989:102)。在这样的背景下,美国最终同意世界银行的选择性增资,于是日本能够在世界上最重要的国际金融机构之一确立二号强国的地位(Raphin and Strand 1997:281—282;Ogata 1989:15—16)。

在随后的 1986 年国际开发协会增资谈判中,日本成功地运用了相同策略,将其捐款与世界银行投票权的增加联系起来。这次日本的压力致使其投票权增加至 6.7%。美国意识到自己投票权跌落到 20% 的临界值以下,便把世界银行的特别多数增加至 85% 作为世界银行投票权重新分配的先决条件,以此保持了本国的否决权(Rapkin and Strand 1997:282)。

在成功争取到世界银行内更显要地位后,日本在 20 世纪 80 年代后期开始争取在国际货币基金组织的更大话语权,日本在国际货币基金组织的投票权与其在世界经济中的分量更不相称。在1988年国际货币基金组织和世界银行的年会上,日本开始致力于这一目标,日本央行行长澄田智(Sumita Satoshi)不仅提出了"宫泽计划"(Miyazawa Plan)作为对抗全球债务危机的新策略,而且"还给出增加日本在国际货币基金组织作用的有力理由"(Rapkin and Strand 1997:283)。日本特别不满意本国在国际货币基金组织中的地位,因为它已经屈服于来自美国和其他国家的要求更大金融支持的压力,并作出了计算投票权时不被考虑的重大融资贡献。在这样的背景下,日本财相桥本龙太郎(Hashimoto Ryutaro)警告说,如果日本谋求在国际货币基金组织更有影响力地位的要求被否决,日本国会可能会不愿意批准为国际货币基金组织拨付资金的议案(Rapkin and Strand 1997:283)。

这一次,美国最初也是反对日本要求更有影响力的地位,认为没有必要进行一次将允许份额分配转移的普遍份额增加。然而,当日本宣布将提供45亿美元以支持美国依据"布雷迪计划"(Brady Plan)解决发展中国家债务问题的行动时,华盛顿欣然采取了更为支持的立场。1990年,国际货币基金组织成员国同意份额增加50%和对份额进行再分配,这使美国依然处在第一的位置上,而日本和德国不得不分享第二的位置。日本官员似乎至少是暂时满意于国际货币基金组织的新权力排行榜。然而,投票权的分配仍然没能反映国际货币基金组织主要成员国的经济权重(Rapkin and Strand 1997:284—285)。用拉普金和斯特兰德(Rapkin and Strand 1997:285)的话来说,"自1980年以来,日本的外交努力已经改善了其在布雷顿森林机构中的排名,但是相对于五国集团其他国家的投票权,日本的投票权仍然明显失调"。

挑战世界银行

虽然日本在20世纪80年代成功争取到了其在世界银行投票权的增加,但该国新获得的"投票力量没能自动转换成在世界银行的政策影响力"(Katsuhiro 2007:116)。胜宏(Katsuhiro)指出,日本缺乏影响力的原因是多方面的:日本没有组建成员国的获胜联盟以便把本国偏好烙印在世界银行所需的政治经验。而且,该国在官方发展援助上缺乏专门知识,并且在世界银行的雇员和管理层中没有足够的代表性。世界银行的总部位于华盛顿,使用英语作为唯一的官方语言并具有美式决策风格,日本在这样一个以其为第二大股东的机构里难以发出自己的声音(Katsuhiro 2007:116—117)。直到20世纪90年代,日本才试图克服这些障碍来增加其对世界银行政策的影响力,"特别是通过专注于行政和人事议题,以及通过鼓起勇气为明显具有日本特色的经验和路径'发声'"来实现这一目标(Katsuhiro 2007:117)。

在20世纪80年代后期,日本与美国之间的分歧已经显现,当时日本开始挑战世界银行的新自由主义发展政策。拉普金和斯特兰德(Rapkin and Strand 1997:289)指出:"最重要的日美分歧是关于国家在经济发展过程中的适当角色、公共与私人行业的界限,以及这些议题在国际金融机构的决策中应该如何体现这些方面。"在20世纪80年代,布雷顿森林机构已经采用了后来著名的"华盛顿共识"——一个由华盛顿的彼得森国际经济研究所(Peterson Institute of International Economics)的经学家约翰·威廉森(John Williamson)创造的术语。威廉森(Williamson 1990)已经发现许多发展政策都专注于财政纪律、私有化、自由化和世界经济的一体化,他假定在华盛顿社区存在对这些发展政策的一致意见。就世界银行而言,这些思想在新确立的结构调整贷款(Structural Adjustment Loans)中发挥特别显著的作用,结构调整贷款要求借款国(borrowers)削减政府的作用并使国家经济与世界经济成为一体(Wade 1996:5)。在日本人看来,这条新自由主义路径的主要缺陷是完全以西方工业化国家尤其是美国的发展经验为基础,而"日本以及更广泛之东亚地区的全然不同的经验,似乎被彻底忽视了"(Rapkin and Strand 1997:290)。

当世界银行批评日本的双边发展援助损害了布雷顿森林机构的发展目标时,它与日本间的紧张关系达到了顶点(Wade 1996:4)。[5]在20世纪80年代,日本已经成为东亚和东南亚地区援助及投资的主要提供者之一。用罗伯特·韦德(Robert Wade 1996:7)的话来说,日本已经运用新获得的影响力去鼓励其债务国"进行更具战略性的思考和使用比世界银行的理念所能包容之更具干预主义的概念来思考",并推动对积极产业政策的追求,该政策由"能够把优惠贷款发放给首要用途的、受到管制的'非自由化'的金融体系"来促进。在这样一条发展路径的引导下,日本通商产业省(Ministry of International Trade and Industry,MITI)1987 年颁布了包含东南亚国家工业化蓝图在内的《新亚洲工业开发计划》(New Asian Industrial Development Plan)。[6]为应对《广场协议》后日元升值所引发的日本生产海外转移的需要,该计划宣称愿到东南亚投资的日本公司将从日本对该地区的援助中获益。有补贴的针对性贷款——也被称为"定向贷款"——将在这一战略中发挥至关重要的作用。为提供这些贷款,日本建立了在海外经济合作基金(Overseas Economic Cooperation Fund,OECF)指导下的东盟—日本开发基金(ASEAN-Japan Development Fund)。虽然世界银行的官员并未隐藏他们对日本发展政策的不满,但日本不愿意改弦易辙(Wade 1996:7—8)。

1989 年,世界银行与日本间的不一致程度达到了新高点,当时世界银行的一位副行长给海外经济合作基金总裁发送了一封信,在信中批评了日本的定向贷款政策,理由是该政策"对金融行业的发展有负面影响"和"导致了不必要的扭曲及阻碍了"国际货币基金组织和世界银行所推行的"金融业改革"(转引自 Wade 1996:8)。当日本在世界银行的执行董事抗议这一官方斥责时,来自发展中国家的许多执行董事表示了对日本发展战略的支持,但是世界银行的管理层拒绝让步。日本的大藏省不愿屈服,决定通过解释日本对结构调整的理解来证明自己是正确的(Wade 1996:8—9)。

1991 年,海外经济合作基金(OECF 1998)发布了《与世界银行结构调整路径相关的议题:来自一位重要伙伴的建议》(Issues Related to the World Bank's Approach to Structural Adjustment:A Proposal from a Major Partner)。[7]该报告认为,政府应该推行产业政策"以发展能够支持长期经济发展的产业",因为"期待下一代产业将通过私人部门的活动自动出现,是过于乐观的"(OECF 1998:65)。而且,该报告彰显了在这一背景下"直接针对促进投资之措施的重要性"(OECF 1998:64),指出由于发展中国家金融市场的不完善,"政府责无旁贷要进行干预以克服市场利率的局限"(OECF 1998:66)。

同时,大藏省力劝世界银行亲自对东亚的发展经验进行研究,然后根据自身的发现重新思考其发展范式。世界银行的管理层最初不愿屈服于日本的压力,但最终同意了,因为日本不仅愿意为其研究支付费用,而且还主动提出放弃反对一项推动全面放松金融管制的金融业改革指令。1992 年,一组几乎清一色由美国培训出的世界银行经济学家开始进行后来被称为"东亚奇迹"(World Bank 1993)的研究,这项研究报告在第二年问世(Wade 1996:17—18)。

虽然研究报告的作者们依然坚持世界银行对新自由主义政策的推广,但他们也认可东亚地区的一些干预主义政策已经产生了积极效果。与此相应,世界银行行长刘易斯・普雷斯顿(Lewis Preston)在报告的前言中宣称:"每一个经济体的快速增长首要地归功于采用了一揽子通用的对市场友好的经济政策,这些政策既带来了更高的积累,又带来了对资源的更好配置。"(World Bank 1993:VI)然而,他也承认,"在一些经济体,主要是东北亚的那些经济体,一些有选择的干预为增长作出了贡献,[本项研究]提高了我们对成功干预所需条件的理解"(World Bank 1993:VII)。普雷斯顿以这样的观点对研究报告的发现作出总结:"东亚政策的市场导向几乎可以毫无保留地加以推荐,但是那些制度上要求更高的方面,例如基于背景的干预措施,在其他体系中还没有被成功地应用过。"(World Bank 1993:VII)

最低限度适应日本提出的更务实地看待发展策略的要求,与此同时坚持市场友好政策压倒一切的重要性,是这项报告的基本政策,这也被应用在了金融抑制问题上。报告作者们认为,当其他地区的"定向信贷项目已经成为灾难性失败"时,东亚国家的信贷分配控制政策一直"较少损害了资本分配并且可能对其是有益的",该政策"以优化的选择和监测补充了基本健全的资本市场"(World Bank 1993:274)。他们承认"针对出口的信贷项目产生了高社会效益,而且就日本和韩国来说,其他定向信贷项目也可能增加了投资并产生了重要的外溢"(World Bank 1993:356)。但他们同时强调"当利率补贴巨大或是出口业绩标准是非强制的时候,定向信贷通常流向无效的和低社会效益的投资"(World Bank 1993:356)。而且,他们非常明确地表达了对推广特定产业的保留意见,认为这种做法"通常无效,因此几乎不可能承载其他发展中国家的希望"(World Bank

1993:354)。

日本官员对这种结果不大满意。他们指责该报告的作者们没有让日本经济学家加入研究团队,而且认为这些作者彻底误解了日本的发展道路。此外,日本官员还因这项报告对其他发展中国家的建议而恼火,该报告建议其他国家学习新加坡、泰国和马来西亚的成功模式,而与日本、韩国这些发展型国家不同的是,那些东南亚经济体已经采取了全面的自由化措施(Terry 2000:86—87)。

如同韦德(Wade 1996:35)所指出的,日本在世界银行政策上铭刻自己经济发展理念的失败,"显示出实质上的美国价值观和利益在世界银行运行中具有决定性的意义"。韦德(Wade 1996:35)指出,美国的影响力并不是以政府向世界银行管理层施压为主要运用方式,其至关重要的部分反而源自世界银行的职业规范和它"对世界金融市场的依赖,以及那种在金融资本所有者、管理者的价值观与美国国家的价值观之间不断自我强化的一致性"。因为在北美和英国大学接受了训练的经济学家的主导地位和世界银行对国际金融家支持的依赖,新自由主义已经深深植根于这个机构之中,以至于不能被一个对发展战略持有非正统观点的外来者扫除,即使这位外来者是世界银行的第二大股东。

然而,虽然世界银行"在传统范式基本上毫发无损的情况下摆脱了困境"(Wade 1996:5),但《东亚奇迹》仍给世界银行的想法带来了小改变。世界银行在20世纪90年代对定向贷款态度的转变至少是部分地归因于日本的压力,但改变不止于此。更重要的是,这项研究报告合理化了对产业政策议题的进一步研究,如果日本"失去的十年"没有摧毁发展型国家的吸引力,研究的推进可能给世界银行的政策带来更多实质性的改变(Terry 2000:87—89;Wade 1996:33)。

日本的亚洲货币基金倡议

虽然《东亚奇迹》集中体现了日本对世界银行最严重的挑战,但在亚洲金融危机发生的几年后,日本表达了它对国际货币基金组织政策最直言不讳的批评。正如绍里片田(Saori Katada 2002:92)所指出的那样,日本决策者在该地区经济复苏方面有"理念上的利害关系",他们把东亚地区的经济成功在很大程度上归因于日本提供的与"遵循一种发展模式"结合在一起的对外援助和外来直接投资。他们为此不想看到日本的发展型国家模式被美国的说法抹黑,美国认为危机是由亚洲的"裙带资本主义"引起的。因相信危机爆发的主要原因是该地区受到了不稳定资本流动和过度依赖美元的影响,他们强烈反对国际货币基金组织开出的激进自由化措施的处方,转而提出以致力于更高程度的金融规制来应对危机,并特别强调建立资本管制(Katada 2002:92;Helleiner 2000:235)。而且,危机对日本的影响是严重的,因为日本的制造商和银行受《广场协议》后日元升值的影响在该地区都有很高的风险。此外,这场危机也抑制了日本对该地区的出口。一方面,日本决策者由此认为慷慨地提供流动性符合本国的物质利益。另一方面,美国与东亚只保持了较弱的经济联系,由此极其不愿提供金融支持,宣称这种支持将只会增加道德风险的威胁(Lipscy 2003:97—98;Katada 2002:90;Helleiner 2000:235)。

由于美国在国际货币基金组织的主导地位,并不让人意外的是,美国的主张获胜,于是国际货币基金组织的紧急救援以全面的自由化措施为先决条件。在日本决策者看来,他们影响国际货币基金组织应对金融危机措施行动的失败尤为令人恼火,因为美国得到其自身偏好的政策结果,尽管通过国际货币基金组织提供的资金主要来自亚洲国家并特别是来自日本。[8]日本无法获得国际货币基金组织对其政策偏好的支持,由此灰心失望,开始提议建立一个国际货币基金组织的区域替代性组织,希望亚洲货币基金内部的储备库将会使区域性金融危机得到更为适当的应对。然而,因担心国际货币基金组织的亚洲区域替代性组织将会损害国际货币基金组织在亚洲的地位,美国强烈反对这一计划,日本很快不得不撤回了这一提议(Lipscy 2003;Katada 2002;Helleiner 2000:235—236)。[9]

中国正在布雷顿森林机构内崛起吗?

下面的内容考察中国在国际货币基金组织和世界银行的投票权,分析中国的资金贡献和其在雇员与管理层中的代表性,并调查它正在布雷顿森林机构中推行的政策。

中国在布雷顿森林机构内的投票权

中国在国际货币基金组织和世界银行投票权的增加,只能在金融危机后投票权向新兴经济体更为普遍之转移的背景下加以论述。因此,下面的部分将阐明国际货币基金组织和世界银行近些年所经历的改革过程。

在国际货币基金组织中的投票权

在国际金融架构中扮演非常有影响力之角色20年后,在21世纪初,国际货币基金组织正"面临着又一场合法性和目标的危机"(Helleiner and Momani 2007:2)。该机构的主要问题是对其资金需求严重减少这一事实。这一趋势的原因有:21世纪第一个十年的初期没有发生严重的金融危机,以及新兴市场经济体更易获得由私人贷款者通过国际金融市场提供的资金(Helleiner and Momani 2007:2)。而且,国际货币基金组织正面临着来自中国和其他金融上强大的新兴市场经济体的日益增加的竞争,与布雷顿森林机构不同的是,后者提供的信贷不要求痛苦的经济结构调整措施。

然而,许多新兴市场经济体不理睬该基金的事实,也许可以归因于这些机构逐渐增加的合法性赤字。最重要的是,作为对国际货币基金组织在亚洲金融危机中极富争议之角色的回应,许多东亚国家已经积累了大量的外汇储备,以确保独立于该组织。虽然国际货币基金组织对低收入国家的借贷继续发挥重要作用,但它的资金支持在新兴市场经济中变得愈加不受欢迎。这一趋势尤其威胁到该机构的发展,因为这一趋势不仅提出了有关该机构的效用问题,而且也对其融资构成了威胁,因为该机构的成本是由其贷款产生之收益来支付的(Helleiner and Momani 2007:2—4)。

面对着严厉批评和日益增加的融资困难,甚至在全球金融危机爆发前,改革就已经高居于国际货币基金组织的议程之上了。以投票权重新分配和执行董事会更公平之构成为重点的国际货币基金组织的治理结构改革,被认为是最紧要的事项。在国际货币基金组织2006年的新加坡年会上,理事会因此批准了对中国、韩国、墨西哥和土耳其这四个"最明显的未被充分代表的国家"的特别增资,以此作为"重组过程的第一步"(IMF 2006)。从国际货币基金组织在1998年完成的第11次普遍份额检查直到2006年改革,中国投票权占比为2.9%。作为此次改革的结果,中国投票权占比上升至3.7%,这使中国成为排在美国、日本、德国、法国和英国之后该机构的第六大股东(IMF n.d.-d)。

在新加坡年会上,国际货币基金组织的成员国已经同意进行第二轮改革,并认为这一改革十分必要。然而随着2007年全球金融危机的爆发,改革的需要显得更为迫切。改革被认为具有更大重要性的理由之一是这样一个事实,即国际货币基金组织在新兴市场经济体间尤其是在亚洲地区不断下滑的声望被认为是危机发生的原因之一:为确保本国规避未来金融危机的威胁,许多亚洲国家建立起大额外汇储备,由此助推了处于全球金融动荡核心的全球不平衡的产生。因此,可以认为,新兴市场经济体应该在国际货币基金组织内部被赋予更大的话语权,以便增加国际货币基金组织的合法性,并且重新获得在亚洲金融危机后失去的亚洲国家的信任,从而使这些国家不再为了保护自己而积累储备。

更加重要的是,危机已经揭示了新兴市场经济体作为全球经济增长发动机的日益增加的重要性。当大部分发达国家濒临衰退边缘时,中国在金融危机爆发之后两年里保持了将近9%的增长率。并不让人惊讶的是,中国是那些反复强烈要求国际货币基金组织份额向新兴市场和发展中国家转移的国家之一。

在这样一个背景下,国际货币基金组织成员国在2008年批准了一套更为全面的改革方案,包括一个新的份额公式、基于新公式的第二轮特别增资以及为了确保低收入国家足够代表性的基本票的增加。由五个不同公式构成的旧组合被一个新的单一份额公式取代,旨在改善国际货币基金组织治理的透明度。根据新的份额公式,一个国家的国内生产总值(GDP)、开放度(openness)、变动性(variability)和储备(reserve)决定它的份额比例,国内生产总值这一变量被理解为以市场汇率(60%)和购买力平价汇率(40%)折算的国内生产总值的混合数字。[10] 在旧的份额公式组合里,国内生产总值仅按市场汇率计算,但发展中国家长期以来要求把购买力平价汇率包括进去。基于新份额公式的第二轮特别增资使 5% 的份额比例转向发展中国家。这次转移建立在几个发达国家同意放弃部分本国原本符合条件之份额增加的基础上,包括美国、日本、德国和意大利(IMF 2008)。

即使是国际货币基金组织的治理结构有这样的变化,改革的势头也没有停止。驱动改革进程的从发达世界向发展中世界的经济权力转移,集中体现为二十国集团取代七国集团。创建于 2008 年的二十国集团把最有影响力的新兴经济体纳入到影响世界经济的决策中来。当新兴市场经济体"被邀请就坐到全球治理的贵宾席时"(Beattie 2010),它们在国际货币基金组织的代表性与其在全球经济中的权重不相配,就显得愈发不合适了。此外,改革也被以下这一事实加速,即中国随着危机的加剧对国际货币基金组织的批评比以往更为坦率。在 2009 年 10 月的国际货币基金组织会议上,中国央行副行长易纲(Yi 2009:3)就这样表示:

> 持续失调的份额分配和新兴市场及发展中国家的代表性不足,妨碍了基金组织的治理和公平监测。它削弱了基金组织的合法性和有效性。传统的不合理的份额配置和调整方法一直以来强化了这种失调。

由于这个原因,易纲(Yi 2009:3)呼吁国际货币基金组织"及时完成支持新兴市场经济和发展中成员国的至少 5% 的份额比例转移",这是二十国集团先前已经设定的目标。

在这一背景下,国际货币基金组织成员国在 2010 年达成一项关于"国际货币基金组织历史性改革"的协议(Strauss-Kahn,转引自 IMF 2010a)。这个协议包括把国际货币基金组织的份额增加一倍至 7 550 亿美元,把超过 6% 的份额从代表性过多的欧洲国家和产油国转向新兴市场国家和发展中国家。[11] 一旦付诸实施,对投票权的这一重新分配将会在国际货币基金组织执行董事会的构成上被复制,欧洲国家的执行董事席位将减少两个,而新兴市场国家将增加两个(IMF 2010a)。

保罗·巴蒂斯塔(Paulo Batisa)当时在国际货币基金组织执行董事会代表包括巴西在内的八个成员国,他指出美国力劝欧洲国家接受这一套改革方案,此前很长时间内美国一直对欧洲国家不愿同意将权力从代表性过大的欧洲国家向新兴市场国家和发展中国家转移表示失望。虽然在改革进行到这一步时,欧盟只占全球国内生产总值约 20%,但却持有国际货币基金组织大约三分之一的投票权。此外,欧洲国家占据国际货币基金组织执行董事会 24 个席位中的 9 席。尽管国际货币基金组织的规则规定执行董事会有 20 个成员,但自从 1992 年起,国际货币基金组织的理事们一致同意董事会保有 24 个席位,当时国际货币基金组织的成员国数量因为苏联解体而增加。在这一背景下,美国否决了延续这种安排,以便迫使欧洲国家同意以其为代价的使新兴市场国家受益的改革,这一激进举措被报道为"完全出人意料",因为"特别是欧洲人完全不相信美国人会采用这样极端的措施"(Batista 2010)。

一旦这些改革被执行,作为主要新兴市场的四个金砖国家,将位列国际货币基金组织十大股东。中国将从现在第 6 名的位置上升至第 3 名,投票权比例上升至 6.1%(参见表 6.1)。然而,尽管中国的份额比例有这样大的变化,但考虑到在这些改革被商定之前它就已经超越日本成为世界第二大经济体,中国的代表性将依然是不足的。

表 6.1 国际货币基金组织的投票权(2010 年议定改革方案实施后)

国　家	国际货币基金 组织投票权占比	国　家	国际货币基金 组织投票权占比
美　国	16.5	英　国	4.0
日　本	6.1	意大利	3.0
中　国	6.1	印　度	2.6
德　国	5.3	俄罗斯	2.6
法　国	4.0	巴　西	2.2

资料来源:IMF(n.d.-d)。

在世界银行的投票权

世界银行的投票权分配基本上反映了国际货币基金组织的份额,它正在遭受与国际货币基金组织相似的合法性赤字的困扰。就世界银行而言,改革是随着 2002 年联合国发展筹资国际会议(United Nations International Conference on Financing for Development)上"蒙特雷共识"

(Monterrey Consensus)的形成开始的,"蒙特雷共识"呼吁在多边机构中给予发展中国家更公正的代表性(UN 2003)。然而,正如国际货币基金组织改革的情况,这一进程只是随着全球金融危机的爆发和二十国集团的建立而获得动力。世界银行话语权改革的第一阶段是在 2008 年年会上议定的,当时它的成员国决定把基本票的数量翻一番,并把基本票在总票数中的比例保持在 5.55%,以确保发展中国家和转型经济体(DTCs)在组织中有最低限度的影响力。此外,成员国同意为撒哈拉以南非洲在世界银行董事会中增加一个选举出来的执行董事(World Bank 2010:2, foodnote 2)。

世界银行话语权改革第二阶段的主要内容是通过一个选择性的资本增加来调整股份分配的决议,该决议将把新股配置给依据新份额公式代表性不足的成员国(World Bank 2010:4)。虽然中国以及其他发展中国家已经在世界银行的理事会上呼吁发展中国家与工业化国家的平等,这种平等将要求把 7.4% 的投票权从工业化国家转移至发展中国家,但世界银行的成员国仅议定了给发展中国家增加 4.6% 的投票权(Stumm 2011)。

根据新的份额公式,世界银行 75% 的投票权以经济实力为基础进行分配,经济实力用市场汇率(60%)和购买力平价汇率(40%)折算出来的国内生产总值进行衡量。为了使经济转型国家至少能增加 3% 的投票权,一条进一步的规定被添加,发达国家据此规定仅有资格获得它们被计算之经济实力的 90% 的额外股。投票权的另一个 20% 的部分是依据过去和未来对国际开发署(International Development Agency)的资金贡献进行分配(World Bank 2010:6—10)。

然而,成员国对国际开发协会许诺的未来捐献仅被发展中国家和转型国家认可,如果不这样计算,它们的投票权就会下降。因此,这一条规定不是给国际开发协会提供资金的普遍激励,只是有助于维护那些有影响的发展中国家,例如俄罗斯和沙特阿拉伯,如果不这样做,这些国家可能否决这一改革方案。余下 5% 投票权的分配基础是发展中国家对世界银行的使命的捐资——这一部分被包括进来是为保护低收入国家的相对投票权(Vestergaard 2011:37—38)。

发展中国家投票权占比至少增加3%的目标只能在代表性不足国家的自愿克制的基础上实现。美国、德国、希腊、葡萄牙和西班牙因此放弃了它们股份的增加，以此加强发展中国家的声音（World Bank 2010:7）。而且，中国选择放弃它应得权益的一半，是唯一一个这样做的发展中国家——据报道此举是为支持其他发展中国家获得更公平的代表性（Vestergaard 2011:39）。作为此次改革的结果，中国的投票权占比从2.8%上升至4.4%，由此在世界银行的排名升至第3位（参见表6.2）。

表6.2 世界银行的投票权（2010年议定改革方案实施后）

国　家	国际复兴开发银行投票权占比	国　家	国际复兴开发银行投票权占比
美　国	15.9	英　国	3.8
日　本	6.8	印　度	2.9
中　国	4.4	俄罗斯	2.8
德　国	4	沙特阿拉伯	2.8
法　国	3.8	意大利	2.6

资料来源：World Bank（2010）。

中国对布雷顿森林机构的融资贡献

尽管一个国家最重要的制度性金融权力来自它在国际货币基金组织和世界银行的投票权，但是国家可以通过在这些机构内作出与份额不相关的融资贡献来增加其权力。因此下面的部分将揭示中国向国际货币基金组织和世界银行提供的不以投票权增加作为即刻回报的金融支持的意愿。

对国际货币基金组织的贡献

在全球金融危机和发展中国家与发达国家政府的借款需求都日益增长的背景下，增加国际货币基金组织金融资源的必要性很快得以彰显。在国际货币基金组织的许多传统资金提供者奋力挣扎以避免国内经济下滑的情况下，西方领导人很快开始要求那些拥有大额经常账户盈余的国家，例如中国和海湾国家，作出重大融资贡献。中国发现自己处于来自美国和英国的特别压力之下，即增加国际货币基金组织的资源并以日本及欧盟为榜样,它们较早前曾承诺向国际货币基金组织提供金融援助。然而,中国相当不愿意前去救援发达国家,并且反对仅仅依据外汇储备来决定一国对国际货币基金组织融资贡献的观点。

在接受《金融时报》(*Financial Times* 2009)采访时,时任中国总理温家宝提出,在中国增加其对国际货币基金组织的融资贡献前,"发展中国家的投票权、代表性和话语权"就应该被加强。而且,他指出,中国仍然是面临"艰巨任务"的发展中国家,暗示期待中国冲上前去援救发达国家是不合适的。温家宝认为,"管理好我们自己的事务"反而是中国"对人类的最大贡献"。同样,副总理王岐山(Wang Qishan 2009)宣称:"中国支持国际货币基金组织在确保安全性和合理回报的基础上增加资源。"但是,他指出,"仅仅根据外汇储备大小来设定捐款规模,既不现实又不公平",转而提出一个国家的发展阶段特别是其人均国内生产总值这一因素应该被考虑进来。而且,王岐山表示他希望"(国际货币基金组织的)资源主要用于帮助受危机影响严重的发展中国家"。

在接受《中国日报》(*China Daily*)采访时,余永定(时任世界经济与政治研究所所长且为中国央行货币政策委员会前任委员)宣称自己反对向国际货币基金组织提供实质性的捐款,反而建议中国仅应该提供象征性的数目。余永定(转引自 You and Fu 2009)指出,中国有"很多理由反对"发达国家向其施加的增加对国际货币基金组织捐款的压力。除了奚落"穷国……救援富国"的这个提议,余永定还指出国际货币基金组织救援清单上的一些欧洲国家以其"反华心态"而闻名,那么中国就因此"没有理由帮助它们"。余永定认为,中国公众将不会同意向国际货币基金组织大笔注入中国资本,并且补充说"中国在发展中世界的朋友"已经提醒反对此类措施。他由此建议,给遭受金融危机影响的非洲国家提供直接金融支持,而不是通过国际货币基金组织投放资金。

尽管有保留,中国却没有彻底拒绝对国际货币基金组织的支持。2009 年 8 月,中国央行与国际货币基金组织签署了一项票据购买协议,承诺购买本金总额不超过 320 亿特别提款权(500 亿美元)的国际货币基金组织债券(IMF n.d.-c)。[12] 只有美国和日本分别以高达 690 亿美元和 660 亿美元的更大捐款额超过了中国。中国的捐款成为新借款安排的一部分,在面对因金融危机而日益增加的借款需要时,新借款安排的总借款能力被从340亿特别提款权提升至3 675亿特别提款权(参见表6.3)。在代表总信贷安排85%额度的参与者赞同的情况下,新借款安排才能被启动(IMF 2012c)。作为第三大捐赠者,中国能够轻易筹划联盟阻止这项借款融资,如果这符合它的利益。

表6.3　对《新借款安排》的捐款

新借款安排 的参与者	数　额 (百万特别提款权)	新借款安排 的参与者	数　额 (百万特别提款权)
美　国	69 074.27	沙特阿拉伯	11 126.03
日　本	65 953.20	瑞士国家银行	10 905.42
中　国	31 217.22	荷　兰	9 043.72
德国央行	25 370.81	巴　西	8 740.72
法　国	18 657.38	印　度	8 740.72
英　国	18 657.38	俄罗斯	8 740.72
意大利	13 578.03		

资料来源:IMF(2012c)。

对世界银行的贡献

在世界银行集团内,对国际开发协会的捐款是那些未必以投票权增加作为回报的资金提供之中最为重要的资金提供渠道。直到1999年,中国仍旧是国际开发协会软贷款的接受国。[13]仅仅8年后,中国向国际开发协会进行了首次捐款。中国向该组织提供了1 760万特别提款权(IDA15 2008:62),这一行动被世界银行行长罗伯特·佐利克(Robert Zoellick)(转引自 *gbtimes* 2007)描绘为"谦逊的但意义重大的一步",凸显了中国作为"发展领域利益相关者"的地位。在接下来的2010年这一轮的国际开发协会资本补充回合里,中国同意提前偿还未清偿的国际开发协会信贷总计10亿美元。中国因提前偿还得到1.11亿美元的折扣,这笔钱被中国作为捐助国的捐款提交给了国际开发协会16。该国因此向国际开发协会16提供了1.07亿特别提款权,相当于其总额的0.5%(参见表6.4)。比照中国的外汇储备在2010年底达到2.874万亿美元,这一贡献看上去并不是特别大。

表 6.4 对国际开发协会 16 的捐款

国 家	在总捐款中的百分比	国 家	在总捐款中的百分比
美 国	12.1	瑞 士	2.1
英 国	12	澳大利亚	2.1
日 本	10.9	比利时	1.6
德 国	6.5	奥地利	1.6
法 国	5	挪 威	1.3
加拿大	4.1	丹 麦	1.1
西班牙	3.1	韩 国	1
荷 兰	3	芬 兰	1
瑞 典	3	俄罗斯	0.5
意大利	2.4	中 国	0.5

资料来源:IDA16(2011)。

中国在雇员和管理层中的代表性

除投票权和与份额无关的资金贡献外,一个国家在布雷顿森林机构的雇员和管理层中的代表性,是其制度性权力的一项重要决定因素。因此,下面的内容将揭示中国在国际货币基金组织和世界银行中的代表性。

在国际货币基金组织中的代表性

自 2007 年全球金融危机爆发以来,中国在国际货币基金组织中专业雇员和管理层雇员的代表性已得到有力改善。虽然在 2007 年底,中国在该机构的雇员仅占雇员总数的 2.1%,但至 2010 年底,这一比例已升至 3.3%,同时美国和加拿大雇员占比从 26.3% 下降至 22.1%(IMF 2012a)。而且,在 2010 年,国际货币基金组织任命了第一位来自中国的高级雇员。朱民,被视为"中国最杰出的金融官员之一"(Dyer 2010),时任中国央行副行长,被任命为国际货币基金组织总裁的特别顾问。朱民在约翰·霍普金斯大学获得经济学的硕士和博士学位,在普林斯顿大学获得公共管理硕士学位,在复旦大学获得经济学学士学位。在就职于中国央行之前,他曾是中国银行的一位高级主管并为世界银行服务过 6 年(IMF 2010b; Dyer 2010)。国际货币基金组织总裁多米尼克·施特劳斯-卡恩(Dominique Strauss-Kahn)(转引自 IMF 2010b)在对这一任命进行评论时指出,朱民将帮助国际货币基金组织"应对所有成员国未来面临的挑战,并加深国际货币基金组织对亚洲和更普遍的新兴市场的理解"。这一任命受到了中国央行(转引自 Xinhua 2010)的欢迎,该行指出:"新兴市场和发展中国家在全球经济和金融体系中的作用日益增强,更多地吸纳新兴市场和发展中国家的专业人士进入管理层,是国际金融组织反映世界经济格局变化和改善治理结构的良好举措。"

对朱民的任命发生在这样的背景下:通过承认应对亚洲金融危机的政策缺陷和展现对该地区发展路径进行学习的意愿,国际货币基金组织努力恢复其在亚洲地区的合法性。施特劳斯-卡恩(Dominique Strauss-Kahn 2010)的讲话体现了这样的新态度,2010 年他在韩国召开的一个会议上讲话时指出,国际货币基金组织希望"对过去的十年进行反思,并厘清哪些做得正确和哪些做得不正确",他继续强调国际货币基金组织愿意"去倾听亚洲不得不说之事——关于这一区域的议题和挑战,还有关于其他区域国家的政策优先事项",因为"世界各国都想了解亚洲是怎样如此成功地管理其经济增长和全球化的"。

2011 年 7 月,在克里斯蒂娜·拉加德(Christine Lagarde)被任命为国际货币基金组织总裁后,第四副总裁的位置被创立并被授予朱民,这一举措被广泛解读为是对中国支持拉加德的回报(Beattie and Dyer 2011)。当总裁的位置因 2011 年 5 月对施特劳斯-卡恩的性侵指控而空置时,中国、印度、巴西、俄罗斯和南非已经发表了一个联合声明,它们在声明中要求国际货币基金组织放弃总裁必须为欧洲人的非正式规则,认为这一惯例"削弱了基金的合法性",而且还认为"近来在发达国家爆发的金融危机,强调了改革国际金融机构以反映发展中国家在世界经济中日益重要之作用的紧迫性"(*Financial Times* 2011)。尽管有这样的声明,巡访了金砖国家和沙特阿拉伯的拉加德许下誓言,即作为总裁,她"将确保国际货币基金组织所有成员的多样性被体现在每一个层次"(转引自 Hille 2011),最终她赢得了中国的支持。

在世界银行的代表性

世界银行第一个被任命担任高级职务的中国人是林毅夫,他在 2008 年成为世界银行的首席经济学家和高级副行长。[14]林毅夫在北京大学获得了政治经济学的硕士学位,在芝加哥大学获得了经济学博士学位。在加入世界银行前，他是北京大学中国经济研究中心（China Center for Economic Research，CCER）的教授，他在那里的研究聚焦于政府在中国经济发展中的作用和从中国发展模式的成功之中可学到的经验。作为政府的经济顾问，他对中国的旨在提高乡村生活水平的"社会主义新农村"政策有重大影响（McGregor 2008b）。不断挑战新自由主义经济理论的林毅夫（Lin 2011：16）认为：

> 中国和其他东亚国家的经历提供了一个绝佳的机会去让人们重新思考以下基本议题：国家、市场以及其他制度在一个追赶工业化国家的发展中国家的发展和转型过程中的作用。

在中国向国际开发协会提供第一笔捐款的一个月后，对林毅夫的任命被宣布，这被认为是回报中国被认知到的支持世界银行抗击全球贫困的意愿。然而，对林毅夫的任命也需要从这样的角度看待：世界银行尝试着把一些国家的发展经历整合到其政策处方中去，这些国家取得了经济成功，却没有坚持"华盛顿共识"的那些原则。世界银行行长佐利克（Zoellick 2010）在 2010 年 9 月的一次演讲就体现了"把发展经济学民主化和去除其神秘性"的这种意愿，他在演讲中表示：随着新兴市场在全球经济中扮演更为重要的角色，关注其发展模式的需要日益增加。他指出"一个新的多极经济需要多极知识"，以及"不同发展阶段的正确政策可能不同"。而且，他强调，事实是中国与其他国家的成功已经提出了有关国家作用的问题，由此显示了他对发展型国家的政治经济体制的兴趣。

"北京共识"？

在布雷顿森林机构的权力持续转移的背景下，中国日益增加的制度性权力将如何影响国际货币基金组织和世界银行决策的问题出现了。因此，下面的内容阐释中国在布雷顿森林机构内和中国的双边发展援助的情境中一直在推行的政策。

国际货币基金组织内的"北京共识"？

在国际货币基金组织指责那些不愿遵循"华盛顿共识"指定道路的发展中国家而使中国不满的背景下，全球金融危机给中国提供了一个好机会去让人们关注发达国家金融体系的缺陷及其给世界经济带来的风险。

在金融危机爆发前,中国就已经试图转移国际货币基金组织对汇率的重点监督。在国际货币金融委员会(the International Monetary and Financial Committee,IMFC)的 2007 年春季年会上,中国央行副行长胡晓炼(2007:3)表示:

> 考虑到各种汇率分析工具的局限性,众所周知,汇率失调的概念受到理论缺陷的影响,它们的评估非常不可靠,因此不能被用作监督的标准或前提。

尽管有中国的抵制,国际货币基金组织还是在 2007 年引入了新的货币监督规则,该规则把一个国家的国际收支状况置于监督的核心,并允许国际货币基金组织断定一国是否操纵了汇率以促进出口(IMF 2007)。这些新规则自金融危机爆发以来一直处于中国对国际货币基金组织政策批判的靶心,被中国理解为"美国借助国际货币基金组织开展其迫使人民币升值活动的图谋"(Wheatley 2009a)。在国际货币基金组织 2010 年春季会议上,中国央行副行长周小川(Zhou 2010a:4)提出了特别坦率的批评,他宣称:

> 当前的全球金融危机,主要是发达国家发展失当的金融行业带来的结果,已经以前所未有的方式影响了全球贸易、就业和收入,而发达国家财政政策的不可持续性已成为威胁全球金融稳定的首要风险。国际货币基金组织近些年的监督重点一直是不合适的。匆忙引入的《2007 年决议》(2007 Decision)包含许多缺陷,而且已经不能满足全球经济和金融发展向国际货币基金组织的监督提出的要求。国际货币基金组织应该面对这一现实,尽快解决它监督中的问题,修改《2007 年决议》,调整它的监督重点,改善模式,并强化对发达国家、成熟金融市场和跨界资金流动的监督,以避免危机再现。

中国一直呼吁国际货币基金组织不要聚焦于汇率,而是要强化对主要储备货币发行国的宏观经济政策的监督,因为事实是这些主要储备货币发行国极端低利率和非传统货币政策的持续,已经给新兴市场国家货币政策的执行带来了严峻的挑战(Zhou 2010b:1)。而且,中国反复敦促国际货币基金组织去研究对跨界资本流动和全球流动性的管理,并且去探索储备货币多元化的收益特别是国际货币基金组织特别提款权作用拓展的收益,从而使国际货币基金组织在改革国际金融体系中"发挥关键作用"(Yi 2011:5)。在这一背景下,国际货币基金组织的如下表现至少可以被视为是中国的部分成功:国际货币基金组织在 2010 年对资本管制采取了更为积极的态度,宣称"因为宏观经济和审慎这两个方面的原因,……也许在一些环境下,资本管制是应对资本流入激增之政策的合理部分"(Ostry et al. 2010:15)。[15]最后,中国已经号召国际货币基金组织为发展中国家提供更多资源,以便提高它们的发展潜能(Yi 2009:1)。

世界银行内的"北京共识"?

中国已经反复呼吁世界银行尊重发展的具体国情和发展的国家所有权,并一直教促世界银行"反思过去十年的发展经历,……为发展中国家在不同发展阶段提供量身打造的政策建议"(Xie 2009:1)。然而,为了能更清晰地了解中国对待发展援助的态度以及希望世界银行采取的政策,揭示中国的双边发展援助而非在多边机构中的官方声明,是更有建设意义的。

近些年中国已经成为世界上的主要捐赠国之一,在 2009 年至 2010 年间给其他发展中国家提供的贷款多于世界银行(Dyer et al. 2011)。在它的官方发展援助里,中国采用了一种与"华盛顿共识"没有多少相似性的态度。在确保自身能源安全和打造与发展中国家更密切经济纽带的努力中,中国提供的贷款没有附加条件,不要求受援国实施痛苦的结构调整措施。并不令人惊讶的是,受援国非常欢迎中国的发展援助。而且,尤其是在非洲,中国模式愈来愈被认为是一种发展模式,以其对权威规则和国家控制经济的强调,提供了不同于"华盛顿共识"的富有吸引力的替代性选择。津巴布韦的副首相(转引自 Wonacott 2011)最近指出"中国模式正在告诉我们,不追随西方榜样,你也能够成功",并补充"中国是我喜欢的国家"。塞内加尔总统阿卜杜拉耶·瓦德(Abdoulaye Wade 2008),以相似的口吻指出:"中国对待我们需求的态度,比起欧洲投资者、捐赠组织和非政府组织傲慢的并且有时高人一等的后殖民态度,实在是更为合适。事实上,中国激励经济快速发展的模式有很多东西可以教授给非洲。"

早在 2004 年,挑战"华盛顿共识"的"北京共识"这一理念,就由美国记者乔舒亚·库珀·拉莫(Joshua Cooper Ramo 2004)首次提出。[16]最近,揭示了西方金融体系缺陷的金融危机进一步强化了一种日益增强的意识,即中国为发展中国家提供新经济模式的时机已经到来。一份为美中经济与安全评估委员会(U.S.-China Economic and Security Review Commission)准备的报告非常充分地反映了这种情绪,作者在其中宣称:

> 全球金融危机的后果,尤其是在许多发展中国家的人士看来,已经增强了中国经济发展模式的可信性,并且助长了一种日益增强的意识,即尽管 20 世纪是美国世纪,21 世纪可能就是中国世纪(Olson and Prestowitz 2011:5)。

然而,到目前为止,"北京共识"或"中国模式"的这一理念被中国决策者果断拒绝了。在 2011 年第十一届全国人民代表大会第四次会议结束时的新闻发布会上,总理温家宝(转引自 Jian 2011)非常明确地表明了这一点,当时他表示:"我们仍一直在探索我们的改革和建设,而且从未把我们的发展视为一种模式。"刘贵今——中国非洲事务特别代表——同样强调中国没有兴趣为世界提供一个可遵循的新发展模式。用刘贵今的话来说(转引自 Wonacott 2011),"中国不想出口我们的意识形态、我们的治理、我们的模式。我们不认为它是一个成熟模式"。

金融抑制与制度性金融权力

在世界经济权力转移的背景下,中国近些年成功地争取到了它在国际货币基金组织和世界银行投票权的增加。在维持其重要性和重建其合法性的努力中,两大机构都已经任命了与中国政府关系密切的中国公民担任高级管理职位,并已尝试增加组织雇员里中国公民的数量。中国的制度性金融权力由此显然是在增加。然而,中国在提供那些不以投票权即刻增加为回报的资金时极为犹豫,因此在布雷顿森林机构迫切需要其他融资来源之际,中国错失了进一步增加其制度性金融权力的机会。

　　就国际货币基金组织的情况而言,中国前去援救发达国家债务国的提议在中国公众中非常不受欢迎,这可以部分地解释中国的犹豫。然而,中国不愿提供不能成为份额之资金的更重要原因却是另一实情,即中国从国际货币基金组织和世界银行内更有权力之地位所获的收益是相当有限的。通过影响国际金融机构提供的贷款及贷款的附加条件,制度性金融权力让一个国家推进它的经济利益或实现对外政策目标。然而,这些目标也能通过运用一个国家的关系性金融权力去追求。拥有强大的债权国地位和对本国资金投资的高度控制,中国因此并不像一个新自由主义国家那样依赖于获得制度性金融权力,后者可供支配的关系性权力要少得多。韦德(Wade 1996:36)在对日本追求世界银行内更有权力之地位的分析中,已经表明了这一点,他认为日本能够使用其"强大的国内基础结构性权力"来实现其在全球舞台上的目标,而美国不得不依赖它对国际机构的主导来"扩大它自己的外部影响范围"。

　　一方面,虽然日本也掌握着相当大的关系性金融权力,但它远比当下的中国更有决心去增加自己在布雷顿森林机构中的权力——这种差异也许可被如下事实解释:日本热切地利用国际货币基金组织和世界银行去促进它的经济发展理念,并且要把自己树立为向发展中国家提供美式资本主义之替代选择的意识形态领导者。另一方面,中国仍旧相当低调,还没有产生成为意识形态领导者的雄心——这种情形也许可用如下事实解释:中国领导人太关注保持国内的经济增长和稳定,中国因较低的人均国内生产总值仍被认为是一个发展中国家。此外,也可以作这样的猜测,中国领导人明确认识到,如果他们敦促布雷顿森林机构采用中国的无附加条件信贷提供政策,那么中国作为捐款国的吸引力将会减弱。

　　但是,在金融危机揭露西方资本主义模式缺陷以及发展中国家可获得的替代性资金来源出现的背景下,一方面,世界银行已经特别展示了它学习中国发展经验的意愿。尽管中国并没有像20世纪80年代的日本那样强烈要求政策改变,但世界银行已经向中国展示了一个包容得多的立场。另一方面,国际货币基金组织到目前为止受到中国影响的唯一表现是对资本管制采取了更积极的态度,但仍然没有严肃考虑过对国际金融体系的激进改革。

注 释

1. 世界银行集团(the World Bank Group)由国际复兴开发银行(the Interna-tional Bank for Reconstruction and Development，IBRD)、国际开发协会(the International Development Association，IDA)、国际金融公司(the International Finance Corporation，IFC)、多边投资担保机构(the Multilateral Investment Guarantee Agency，MIGA)和国际投资争端解决中心(the International Centre for Settlement of Investment，ICSID)组成。本书中的"世界银行"指国际复兴开发银行。

2.《普遍借款安排》(the General Arrangements to Borrow，GAB)，设立于1969年，有11个工业化国家加入，只能在《新借款安排》的参与者拒绝启动《新借款安排》时才能被启动。除扩大《新借款安排》之外，国际货币基金组织已经与一些成员国签署了双边贷款和票据购买协议。对于既是《新借款安排》参与者又有双边信贷额度的国家而言，后者被包括在国际货币基金组织在《新借款安排》之下可使用的总资源之内。

3. 除价值211亿特别提款权(317亿美元)的捐款外，这一数字包括信贷还款的回流资金和国际复兴开发银行的转让资金(World Bank n.d.-d)。

4. "雇员和管理层"这一部分大体上采用伍兹的观点。

5. 本部分余下内容大体上采用韦德(Wade 1996)的观点。

6. 这一计划只有日文版。

7. 如同韦德(Wade 1996：10，脚注13)所指出的，这是海外经济合作基金在其存续30年里的第一份《不定期文件》。

8. 就泰国一揽子救援计划而言，总资金的55%由亚洲国家提供，其中包括由日本提供的总资金的23%，同时国际货币资金组织也提供了总资金的23% (Lipscy 2003：101)。

9. 尽管日本没有落实它建立国际货币资金组织的区域替代组织的提议，引导其计划的总体理念还是出现在日本的"新宫泽构想"里，持续存在于被称为《清迈倡议》的日本、韩国和中国以及东南亚联盟成员国间的货币互换安排中。

10. 在新份额公式中，国内生产总值的平均值占权重的50%，经济开放性占权重的30%，经济变动性占权重的15%，储备占权重的5%(IMF 2008)。

11. 在较小的程度上，美国和其他新兴市场经济的份额比例也被这一转移所影响(IMF 2010a)。

12. 虽然在中国媒体上经常有人提出，购买以特别提款权计价的债券将有利于中国以美元为主导的外汇储备的多元化，但这些债券将用人民币购买。

13. 中国不再接受国际开发协会的资金，但继续从国际复兴开发银行借款。

14. 世界银行专业雇员和管理层雇员的国籍分布数据仅供内部使用。依据提供了世界银行雇员区域分布信息的2011年的年度报告，来自东亚和大洋洲的雇员在雇员总数中的占比上升至14%(World Bank 2011：26)。

15. 作者认为,使用资本管制是合理的,"如果经济运行接近潜能,如果储备水平是充足的,如果汇率没有被低估以及如果这种流动可能是暂时的"(Ostry et al. 2010:15)。

16. 拉莫(Ramo)指出,"北京共识"的关键要素是创新、可持续性、平等及自决。然而,正如斯科特·肯尼迪(Scott Kennedy 2010:461)所指出的,拉莫的"北京共识"理念是"一个对中国实际改革经历具有误导性和不准确的总结"。对中国发展经验和其可复制性问题更富有启发性的分析,参见 Huang(2011)和 Naughton (2010)。

第七章

结　论

本书的目标一直是把发展型国家模式引入到对金融权力的研究中来,从而解释金融抑制体系如何影响国家获取国际金融权力的能力。基于对日本和中国这两个发展型国家金融体系内政治经济体制的分析,本书解释了发展型国家金融抑制体系何以会阻碍其获得大部分类型的结构性金融权力,但又使其发展了维持经常账户盈余的权力。同时,本书也阐释了发展型国家的政治经济体制为什么非常有利于关系性金融权力的获得,由此使得制度性权力的开拓在很大程度上变得可有可无。

本书已表明,发展型国家的政治经济体制阻碍其获得结构性权力,因为其金融抑制体系与能够大规模吸引国际投资者之金融市场的发展不兼容。中国金融体系由以行政控制利率和高度国有为特色的银行业所主导,从而允许政府引导资金来支持经济中的国有部门和促进产业政策的落实。大多数重要金融机构的国有制和存款利率的上限管制,不仅能保证国有企业的低融资成本和政府的低借款成本,而且确保了国家的低冲销成本,即让其在面对庞大的经常账户盈余时能够阻止国内货币的大幅升值,并使其获得数额巨大的外汇储备。

在这样一个金融抑制体系的框架内,可能导致银行业资金外流的资本市场是没有发展空间的。中国决策者因此一直确保国家债券市场由政府和准政府机构发行的证券高度垄断,既然国有银行被授命购买这些证券,它们就可被人为设定低利率。正是由于这一原因,中国的债券市场在风险定价上毫无作为,从而也几乎不能吸引国际投资者。与此相似,中国的股票市场主要作为经济中国有部门的资金筹集渠道。它们受政府决策而非经济基本面驱使，缺乏吸引那些不愿玩投机游戏的国外投资者的潜力。

正如中国的金融体系一样，日本发展型国家金融体系的设定目标是通过控制国家金融资源来促进产业政策的实施。但是，中国以对本国最重要金融机构的持续所有权来保持对信贷配给的控制，而日本的国家控制源自日本商业银行在资金供给上对日本央行的依赖。与中国的金融控制体系不同，日本的行政指导体系由此依赖资金的持续短缺，这种短缺制造了银行与国家金融当局间的依附关系。基于这一原因，日本的金融体系在面对日益增加的金融资源时承受了巨大的自由化压力，而中国的金融体系在面对持续的资金积累时已证明自身的可持续性。

正是由于发展型国家的金融抑制体系不兼容于具有巨大国际吸引力之资本市场的发展，它也阻止了通过使本国货币成为国际储备货币来获得结构性金融权力，因为货币国际化有赖于国际上富有吸引力的金融市场。金融抑制与货币国际化间的这种不兼容性，解释了日本决策者对日元国际化的态度。由于担心货币国际化将削弱政府对信贷分配的控制、危害国家货币自主权和威胁其出口导向型经济增长模式，他们曾强烈反对货币国际化的设想，并且只是在国家经济下滑已经严重削弱了其货币吸引力之时，才开始推动日元国际化。

虽然可以基于同样理由去期待中国决策者试图阻止人民币的全球影响，但长期的政策实验传统和强烈的民族主义情感，已经鼓励中国货币机构在这个严格的资本管制体系内，执行推进人民币之国际交换媒介职能的策略，资本管制体系允许它们化解货币政策约束和汇率高估的风险。然而，即便中国的政策试验获得成功，人民币成为国际交易媒介也将不会显著增进中国的结构性金融权力，因为后者几乎全部源自一种货币作为国际储备货币的地位。

当金融抑制体系成为获得大多数方面的结构性金融权力的阻碍时，它们非常有利于维持经常账户盈余的权力，相关文献因聚焦于新自由主义政治经济体制，致使这一方面的结构性金融权力被忽视。通过在面对大额经常账户盈余时遏制货币冲销成本，中国金融抑制体系由此已经使国家承受住了货币升值压力。而且，发展型国家的政治经济体制也非常有利于关系性金融权力的获得。通过以消费为代价的全面产业发展来促进快速经济增长,是发展型国家金融抑制体系的设定目标。发展型国家常常执行出口导向型增长战略,这带来了大额经常账户盈余,使它们转变为净债权国。中国的金融体系甚至已经使国家在以外汇储备的形式积累盈余的同时,保持了对储备积累之货币影响力的控制。就中国而言,国家对本国资本外流的管制由此远远高于日本,后者的盈余是由本国的商业银行管理的。然而,就它们对主要债务国的脆弱性而言,中国和日本都一直承受着美国的结构性权力,这种权力迫使两国用债务国货币提供贷款,由此使自己被诱陷于美元区。

金融抑制体系非常有利于获得关系性权力,倾向于使制度性权力的开拓在很大程度上变得可有可无,因为关系性权力和制度性权力的应用都可以指向同一目标。由于它们强大的债权国地位,发展型国家因此并不像新自由主义国家那样依赖制度性权力的获得。新自由主义国家的关系性权力往往非常有限,因为它们常常出现经常账户赤字,并且只获得了对国内金融体系非常有限的控制。制度性权力可被关系性权力替代的事实,解释了在布雷顿森林机构急需替代性融资来源时,中国为何在提供不以投票权份额立即增加为回报的资金上一直极为犹豫。尽管有相当大的关系性权力,日本却更为坚定地增加其在国际货币基金组织和世界银行的影响力,因为日本更为热切地要把自己树立为意识形态领导者,给发展中国家提供美式资本主义之外的另一种选择。

虽然日本最终放弃了金融抑制体系,但我们只能猜测中国的发展型国家未来所走的路径。金融官僚机构中的开明改革者所引入的貌似低调的改革,也许最终会导致中国高层领导无法预料的金融体系的彻底变革。更为重要的是,中国的政治经济体制可能会承受使金融体系自由化不可避免的压力。面对最近出口增长的放缓,中国增长模式的可持续性已经变得非常不确定。中国领导者可能去执行与目前的金融抑制体系不兼容的消费导向型增长战略。然而,虽然试图去预测中国金融发展的进程是徒劳无益的,我们仍可以确定中国金融体系的自由化将最终导致中国政治经济体制的彻底重构。一个可支配巨大结构性金融权力的中国所构成的威胁,很可能由此被西方世界认为,这远远小于今日拥有相当大关系性金融权力的中国。

附　录
访　谈　列　表

编　号	受访者所属组织	时　　间
1	外国调研公司	2008 年 11 月
2	中国研究机构	2008 年 11 月
3	外国报纸	2008 年 11 月
4	外国使馆	2008 年 12 月
5	外国商业协会	2008 年 12 月
6	外国调研公司	2008 年 12 月
7	国际金融机构	2008 年 12 月
8	外国银行	2008 年 12 月
9	外国代表团	2008 年 12 月
10	外国开发项目	2008 年 12 月
11	外国银行	2008 年 12 月
12	外国使馆	2008 年 12 月
13	中国报纸	2008 年 12 月
14	外国开发机构	2008 年 12 月
15	中国报纸(13)	2008 年 12 月
16	中国的银行	2008 年 12 月
17	中国基金管理公司	2009 年 1 月
18	中国报纸	2009 年 1 月
19	中国研究机构	2009 年 1 月
20	中国政府机构	2009 年 1 月
21	中国研究机构(2)	2009 年 1 月
22	中国基金管理公司	2009 年 1 月
23	中国的银行	2009 年 1 月
24	中国的银行	2009 年 1 月
25	国际金融机构(7)	2009 年 1 月
26	中国的银行(23)	2009 年 1 月

（续表）

编　号	受访者所属组织	时　　间
27	外国调研公司(1)	2009 年 1 月
28	外国报纸(3)	2009 年 2 月
29	外国银行	2009 年 2 月
30	中国投资基金	2009 年 2 月
31	外国商业协会	2009 年 2 月
32	中国报纸(13，15)	2009 年 2 月
33	外国代表团	2009 年 2 月
34	国际组织	2009 年 2 月
35	外国银行	2009 年 2 月
36	中国大使馆	2009 年 2 月
37	外国调研公司(6)	2009 年 2 月
38	中国基金管理公司(17)	2009 年 3 月
39	中国学术机构	2009 年 3 月
40	外国报纸(3，18)	2009 年 3 月
41	外国代表团(7)	2009 年 3 月
42	外国银行	2010 年 11 月
43	中国报纸(13，15，32)	2010 年 11 月
44	外国代表团(33，41)	2010 年 11 月
45	中国研究机构(2，21)	2010 年 11 月

注：所有访谈都是在北京进行。括号内编码表示同一受访者。

参 考 文 献

ABC. (2013). *Annual report 2012.* Beijing: Agricultural Bank of China. http://www.abchina.com/en/about-us/annual-report/2012/default.htm. Accessed 13 Aug 2013.

Aizenman, J., & Lee, J. (2006). *Financial versus monetary mercantilism: Long-run view of large international reserves hoarding* (IMF Working Paper, WP/06/280). Washington, DC: International Monetary Fund. http://www.imf.org/external/pubs/ft/wp/2006/wp06280.pdf. Accessed 30 July 2012.

Allen, F., Qian, J., & Qian, M. (2005). Law, finance, and economic growth in China. *Journal of Financial Economics, 77*(1), 57–116.

Allen, F., Qian, J., Zhang, C., & Zhao, M. (2012). *China's financial system: Opportunities and challenges* (NBER Working Paper, No. 17828). Cambridge, MA: National Bureau of Economic Research. http://www.iadb.org/intal/intalcdi/PE/2012/09844.pdf. Accessed 9 Aug 2013.

Anderlini, J. (2007a, August 20). Beijing moves to open up markets. *Financial Times.* http://www.ft.com/intl/cms/s/0/f724fcee-4f48-11dc-b485-0000779fd2ac.html#axzz1mNUQl8NC. Accessed 30 July 2012.

Anderlini, J. (2007b, June 14). China's corporate bonds come of age. *Financial Times.* http://www.ft.com/intl/cms/s/0/4804b954-1a9e-11dc-8bf0-000b5df10621.html#axzz2br7opStd. Accessed 14 Aug 2013.

Anderlini, J. (2008a, September 11). Beijing uses forex reserves to target Taiwan. *Financial Times.* http://www.ft.com/intl/cms/s/0/22fe798e-802c-11dd-99a9-000077b07658.html#axzz1NRx1V89R. Accessed 30 July 2012.

Anderlini, J. (2008b, September 11). Beijing's shadowy fund for buying assets. *Financial Times.* http://www.ft.com/intl/cms/s/0/cf2e1a1a-801e-11dd-99a9-000077b07658.html#axzz226d5oS3o. Accessed 30 July 2012.

Anderlini, J. (2008c, March 7). China signals it could ease share curbs. *Financial Times.* http://www.ft.com/intl/cms/s/0/13e65160-eba8-11dc-9493-0000779fd2ac.html#axzz1mNUQl8NC. Accessed 30 July 2012.

Anderlini, J. (2009, July 21). China to deploy foreign reserves. *Financial Times.* http://www.ft.com/intl/cms/s/0/b576ec86-761e-11de-9e59-00144feabdc0.html#axzz1NRx1V89R. Accessed 30 July 2012.

Anderlini, J. (2011a, January 11). China moves warily on easing controls. *Financial Times.* http://www.ft.com/intl/cms/s/0/8cd7010a-1da5-11e0-aa88-00144feab49a.html#axzz1NRx1V89R. Accessed 30 July 2012.

Anderlini, J. (2011b, January 10). Chinese city allows personal investing abroad. *Financial Times.* http://www.ft.com/intl/cms/s/0/b43f72f2-1ce4-11e0-8c86-00144feab49a.html#axzz1v8osjof8. Accessed 30 July 2012.

Anderlini, J., & Blas, J. (2009, April 24). China reveals big rise in gold reserves. *Financial Times*. http://www.ft.com/intl/cms/s/0/1d23f80c-30aa-11de-bc38-00144feabdc0.html#axzz226d5oS3o. Accessed 30 July 2012.

Anderlini, J., & Hook, L. (2013, July 19). China takes step to financial reform. *Financial Times*. http://www.ft.com/intl/cms/s/0/3a289af0-f06a-11e2-b28d-00144feabdc0.html#axzz2br7opStd. Accessed 13 Aug 2013.

Anderlini, J., & Milne, R. (2011, October 27). China could play key role in EU rescue. *Financial Times*. http://www.ft.com/intl/cms/s/0/7505d210-00ba-11e1-8590-00144feabdc0.html#axzz226d5oS3o. Accessed 30 July 2012.

Anderlini, J., Song, J., & Whipp, L. (2010, August 18). S Korean treasuries sought by China. *Financial Times*. http://www.ft.com/intl/cms/s/0/3752e7a0-aad0-11df-80f9-00144feabdc0.html #axzz1NRx1V89R. Accessed 30 July 2012.

Andrews, D. (Ed.). (2006a). *International monetary power*. Ithaca: Cornell University Press.

Andrews, D. (2006b). Monetary power and monetary statecraft. In D. Andrews (Ed.), *International monetary power* (pp. 7–28). Ithaca: Cornell University Press.

Areddy, J., & Ng, M. (2010, January 4). China will tax some share sales. *Wall Street Journal*. http://online.wsj.com/article/SB10001424052748704162104574629841340038348.html. Accessed 30 July 2012.

Ayyagai, M., Demirgüc-Kunt, A., & Maksimovic, V. (2008). *Formal versus informal finance: Evidence from China* (Policy Research Working Paper, No. 4465). Washington, DC: World Bank. http://elibrary.worldbank.org/docserver/download/4465.pdf?expires=1343652701&id=id&accname=guest&checksum=3BEAD6321348B1A16879B448761CC503. Accessed 30 July 2012.

Ba, S. (2007). Guojia waihui touzi gongsi mianlin liu da tiaozhan [Sovereign wealth fund faces six great challenges]. *Dongshi, 11*, 30–31.

Baek, S.-W. (2005). Does China follow "the East Asian development model"? *Journal of Contemporary Asia, 35*(4), 485–498.

Barboza, D. (2013, July 4). China to test free trade zone in Shanghai as part of economic overhaul. *New York Times*. http://www.nytimes.com/2013/07/05/business/global/zone-to-test-renminbi-as-currency-for-trading.html?_r=0. Accessed 18 Aug 2013.

Batista, P. N. (2010, September 23). Europe must make way for a modern IMF. *Financial Times*. http://www.ft.com/intl/cms/s/0/8b57a684-c744-11df-aeb1-00144feab49a.html#axzz226d5oS3o. Accessed 30 July 2012.

Beattie, A. (2010, November 10). IMF reform: Change in voting may be more symbol than substance. *Financial Times*. http://www.ft.com/intl/cms/s/0/588e33f4-eb88-11df-bbb5-00144feab49a.html #axzz226d5oS3o. Accessed 30 July 2012.

Beattie, A., & Dyer, G. (2011, July 13). China given key IMF role under Lagarde. *Financial Times*. http://www.ft.com/intl/cms/s/0/4f3f558a-acd0-11e0-9623-00144feabdc0.html#axzz2aXXsvrII. Accessed 30 July 2012.

Beeson, M. (2009). Developmental states in East Asia: A comparison of Japanese and Chinese experiences. *Asian Perspective, 33*(2), 5–39.

Belton, C. (2009, February 17). China lends Russia $25bn for 20 years of oil. *Financial Times*. http://www.ft.com/intl/cms/s/0/4987b5e4-fd2b-11dd-a103-000077b07658.html#axzz1NRx1V89R. Accessed 30 July 2012.

Bergsten, F. (2009, April 9). Beijing's currency idea needs to be taken seriously. *Financial Times*. http://www.ft.com/intl/cms/s/0/96ca4a02-249e-11de-9a01-00144feabdc0.html#axzz1NRx1V89R. Accessed 30 July 2012.

BOC. (2013). *Annual report 2012*. Beijing: Bank of China. http://pic.bankofchina.com/bocappd/report/201303/P020130326573887576644.pdf. Accessed 13 Aug 2013.

Bottelier, P. (2004). *China's emerging domestic debt markets* (Working Paper, No. 202). Stanford: Stanford Center for International Development. http://www.stanford.edu/group/siepr/cgi-bin/siepr/?q=system/files/shared/pubs/papers/pdf/SCID202.pdf. Accessed 30 July 2012.

Bottelier, P. (2009). International monetary reform and the future of the renminbi. *China Brief*, *9*(11). Washington DC: Jamestown Foundation. http://www.jamestown.org/single/?no_cache=1&tx_ ttnews[tt_news]=35039. Accessed 30 July 2012.

Breslin, S. (1996). China: Developmental state or dysfunctional development? *Third World Quarterly, 17*(4), 689–706.

Brown, K. (2011, February 15). Rising Chinese wages pose relocation risk. *Financial Times*. http:// www.ft.com/intl/cms/s/0/52449d1c-3926-11e0-97ca-00144feabdc0.html. Accessed 30 July 2012.

CBRC. (2013). *2012 Nianbao (Annual report 2012)*. Beijing: China Banking Regulatory Commission. http://www.cbrc.gov.cn/chinese/home/docView/18492CCBDD04435A8BFAB3FF6F2CA51C. html. Accessed 13 Aug 2013.

CCB. (2013). *Annual report 2012*. Beijing: China Construction Bank. http://www.ccb.com/en/ newinvestor/upload/20130424_1366773142/e00939_AR.pdf. Accessed 13 Aug 2013.

CDB. (2008). *Annual report 2007*. Beijing: China Development Bank. http://www.cdb.com.cn/ english/NewsInfo.asp?NewsId=2905. Accessed 30 July 2012.

Chang, Q., & Li, Q. (2007). Woguo waihui chubei touzi de zhanlüexing mubiao jiqi shishi [The strategic objective of the investment of our national foreign exchange reserves and its realization]. *Guoji jingmao tansuo, 23*(7), 72–75.

Chen, X., Liu, W., Wang, J., Zhang, X., Guan, T., Ding, Z., Sun, T., & Pan, H. (2009). Renminbi jiesuan zhengtu [The journey of renminbi settlement]. *Caijing*, *5*. http://magazine.caijing.com. cn/2009-05-11/110163631.html. Accessed 30 July 2012.

Chin, G., & Helleiner, E. (2008). China as a creditor: A rising financial power? *Journal of International Affairs, 62*(1), 87–102.

China Bond. (n.d.). *Monthly statistics: Bond issue volume*. Beijing: China Central Depository and Clearing Co. Ltd. http://www.chinabond.com.cn/jsp/include/CB_EN/marketdata/month_stat. jsp?BBND=2012&BBYF=12&sPageType=2&id=317791. Accessed 14 Aug 2013.

Chinn, M., & Frankel, J. (2005). *Will the euro eventually surpass the dollar as leading international reserve currency?* (NBER Working Paper, No. 11510). Cambridge, MA: National Bureau of Economic Research. http://www.nber.org/papers/w11510.pdf?new_window=1. Accessed 30 July 2012.

CIC. (2009). *Annual report 2008*. Beijing: China Investment Corporation. http://www.china-inv. cn/cicen/include/resources/CIC_2008_annualreport_en.pdf. Accessed 30 July 2012.

CIC. (2012). *Annual report 2011*. Beijing: China Investment Corporation. http://www.china-inv. cn/cicen/include/resources/CIC_2011_annualreport_en.pdf. Accessed 17 Aug 2013.

CIC. (2013). *Annual report 2012*. Beijing: China Investment Corporation. http://www.china-inv. cn/cicen/include/resources/CIC_2012_annualreport_en.pdf. Accessed 17 Aug 2013.

Clark, I. (1996). *Should the IMF become more adaptive* (IMF Working Paper, WP/96/17). Washington, DC: International Monetary Fund.

Cohen, B. (1971). *The future of sterling as an international currency*. London: McMillan.

Cohen, B. (1977). *Organizing the world's money: The political economy of international monetary relations*. New York: Basic Books.

Cohen, B. (2001). International finance. In W. Carlsnaes, T. Risse, & B. Simmons (Eds.), *Handbook of international relations* (pp. 429–447). London: Sage.

Cohen, B. (2004). *The future of money*. Princeton: Princeton University Press.

Cohen, B. (2006). The macrofoundations of monetary power. In D. Andrews (Ed.), *International monetary power* (pp. 31–50). Ithaca: Cornell University Press.

Cookson, R. (2009, September 8). Renminbi bond marks first for China. *Financial Times*. http:// www.ft.com/intl/cms/s/0/e142ebac-9c8f-11de-ab58-00144feabdc0.html#axzz2nSEbCw60. Accessed 30 July 2012.

Cookson, R. (2010a, October 19). ADB issues landmark renminbi bond. *Financial Times*. http:// www.ft.com/intl/cms/s/0/5ca536cc-db7a-11df-ae99-00144feabdc0.html#axzz226d5oS3o. Accessed 30 July 2012.

Cookson, R. (2010b, July 2). Beijing plans route back for offshore funds. *Financial Times*. http:// www.ft.com/intl/cms/s/0/7702fc92-8572-11df-aa2e-00144feabdc0.html. Accessed 30 July 2012.

Cookson, R. (2010c, July 28). China revs up renminbi expansion. *Financial Times*. http://www.ft. com/intl/cms/s/0/2ff1d6ea-9a65-11df-87fd-00144feab49a.html. Accessed 30 July 2012.

Dean, J., Areddy, J., & Ng, S. (2009, January 29). Chinese premier blames recession on U.S. actions. *Wall Street Journal*. http://online.wsj.com/article/SB123318934318826787. html. Accessed 30 July 2012.

Dobson, W., & Masson, P. (2009). Will the renminbi become a world currency. *China Economic Review, 20*(1), 124–135.

Dooley, M., Folkerts-Landau, D., & Garber, P. (2003). *An essay on the revived Bretton Woods system* (NBER Working Paper, No. 9971). Cambridge, MA: National Bureau of Economic Research. http://www.nber.org/papers/w9971.pdf?new_window=1. Accessed 30 July 2012.

Drezner, D. (2009). Bad debts: Assessing China's financial influence in great power politics. *International Security, 34*(2), 7–45.

Dyer, G. (2009, October 19). Global insight: Springing China's forex trap. *Financial Times*. http:// www.ft.com/intl/cms/s/0/b9383574-bcc2-11de-a7ec-00144feab49a.html#axzz1NRx1V89R. Accessed 30 July 2012.

Dyer, G. (2010, February 24). Chinese official named as top IMF adviser. *Financial Times*. http:// www.ft.com/intl/cms/s/0/45147e76-216e-11df-830e-00144feab49a.html#axzz226d5oS3o. Accessed 30 July 2012.

Dyer, G., & Beattie, A. (2009, March 13). Wen calls for US fiscal guarantees. *Financial Times*. http://www.ft.com/intl/cms/s/0/c2770bf0-1002-11de-a8ae-0000779fd2ac.html#axzz1NRx1V89R. Accessed 30 July 2012.

Dyer, G., Cookson, R., & Brown, K. (2010, September 19). Small steps to help reshape renminbi. *Financial Times*. http://www.ft.com/intl/cms/s/0/d38bebfc-c408-11df-b827-00144feab49a.html #axzz226d5oS3o. Accessed 30 July 2012.

Dyer, G., Anderlini, J., & Sender, H. (2011, January 17). China's lending hits new heights. *Financial Times*. http://www.ft.com/intl/cms/s/0/488c60f4-2281-11e0-b6a2-00144feab49a.html. Accessed 30 July 2012.

Eaton, S., & Zhang, M. (2010). A principal-agent analysis of China's sovereign wealth system: Byzantine by design. *Review of International Political Economy, 17*(3), 481–506.

Eccleston, B. (1986). The state, finance and industry in Japan. In A. Cox (Ed.), *State, finance and industry: A comparative analysis of post-war trends in six advanced industrial economies* (pp. 60–79). Brighton: Wheatsheaf Books.

Economist. (2011, September 24). Becoming number one: China's economy could overtake America's within a decade. In *Special report: The world economy* (p. 6).

Emmott, B. (1989). *The sun also sets: The limits to Japan's economic power*. New York: Random House.

Fang, N. (2007). Zhongguo touzi gongsi qihang [The CIC starts its journey]. *Zhongguo duiwai maoyi, 10*, 16–26.

Feng, H. (2006). How the people's bank is shaping China's financial sector. *Central Banking, 17*(1), 35–41.

Financial Times. (2009, February 2). Transcript of interview with Wen Jiabao. http://www.ft.com/ intl/cms/s/0/795d2bca-f0fe-11dd-8790-0000779fd2ac.html#axzz1NRx1V89R. Accessed 31 July 2009.

Financial Times. (2011, May 24). Statement from BRIC IMF directors. http://www.ft.com/intl/cms/ s/0/e7e6c20c-8645-11e0-9e2c-00144feabdc0.html#axzz226d5oS3o. Accessed 30 July 2012.

Fleming, M. (1962). Domestic financial policies under fixed and floating exchange rates. *Staff Papers – International Monetary Fund, 9*(3), 369–380.

Frankel, J. (1984). *The yen/dollar agreement: Liberalizing Japanese capital markets*. Washington, DC: Institute for International Economics.

Frankel, J. (2009). *New estimation of China's exchange rate regime* (NBER Working Paper, No. 14700). Cambridge, MA: National Bureau of Economic Research. http://www.nber.org/ papers/w14700.pdf?new_window=1. Accessed 30 July 2012.

Fung, H.-G., Liu, Q., & Kao, E. (2007). China's outward direct and portfolio investments. *China & World Economy, 15*(6), 53–68.

Garber, P. (2011). *What drives CNH market equilibrium?* New York: Council on Foreign Relations. http://www.cfr.org/china/drives-cnh-market-equilibrium/p26292. Accessed 30 July 2012.

Garnham, P. (2009, June 26). China repeats criticism of dollar dominance. *Financial Times.* http://www.ft.com/intl/cms/s/0/f2236be4-6239-11de-b1c9-00144feabdc0.html. Accessed 30 July 2012.

Garnham, P. (2010, September 27). Reserves: All eyes turn to China's foreign money mountain. *Financial Times.* http://www.ft.com/intl/cms/s/0/66ae77ca-c9c6-11df-b3d6-00144feab49a,s01=1.html#axzz1NRx1V89R. Accessed 30 July 2012.

gbtimes. (2007, December 19). World Bank welcomes China's contribution to IDA: Zoellick. http://gbtimes.com/news/world-bank-welcomes-chinas-contribution-ida-zoellick. Accessed 30 July 2012.

Gerschenkron, A. (1962). *Economic backwardness in historical perspective: A book of essays.* Cambridge, MA: Harvard University Press.

Gilpin, R. (1987). *The political economy of international relations.* Princeton: Princeton University Press.

Green, R., & Torgerson, T. (2007). *Are high foreign exchange reserves in emerging markets a blessing or a burden?* (Occasional Paper, No. 6). Washington, DC: Department of the Treasury – Office of International Affairs. http://www.bestmindsinc.com/documents/DollarReserves. EmergingMarkets.USTreasury.2007.pdf. Accessed 30 July 2012.

Grimes, W. (2003). Internationalization as insulation: Dilemmas of the yen. In U. Schaede & W. Grimes (Eds.), *Japan's managed globalization: Adapting to the twenty-first century* (pp. 47–76). New York: M.E. Sharpe.

Guo, F. (2007a). Lou Jiwei de kaiju [The beginning of Lou Jiwei's match]. *Xiaokang, 9,* 59–61.

Guo, F. (2007b, October 8). Zhongtou gongsi zujian licheng [The course of the CIC's establishment]. *Zhongguo zhengquan bao.* http://news.xinhuanet.com/newscenter/2007-10/08/content_6842589.htm. Accessed 30 July 2012.

Guzzini, S. (1993). Structural power: The limits of neorealist power analysis. *International Organization, 47*(3), 443–478.

He, F., & Zhang, M. (2007). Zhongguo de waihui touzi gongsi hui chongji guoji jinrong shichang ma? [Will the Chinese Sovereign wealth fund seriously affect international financial markets?]. *Guoji jingji pinglun, 5–6,* 20–22.

Heep, S. (2008). Chinas Neuer Staatsfonds: Organisation, Finanzierung und Investitionsstrategie der China Investment Corporation [China's new sovereign wealth fund: Organization, financing and investment strategy of the China investment corporation]. *Asien, 108,* 51–66.

Heep, S., & Hilpert, H. G. (2009). Chinas währungspolitische Offensive [China's monetary offensive]. (SWP-Aktuell, No. 65) Berlin: Stiftung Wissenschaft und Politik. http://www.swp-berlin. org/fileadmin/contents/products/aktuell/2009A65_hlp_hep_ks.pdf. Accessed 30 July 2012.

Heep, S. (2009a). The China Investment Corporation. In D. Pong (Ed.), *Encyclopedia of modern China* (p. 76). Farmington Hills: Charles Scribner's Sons.

Heep, S. (2009b). The State Administration of Foreign Exchange. In D. Pong (Ed.), *Encyclopedia of modern China* (p. 75). Farmington Hills: Charles Scribner's Sons.

Heilmann, S. (2004). *Das politische System der Volksrepublik China [The political system of the People's Republic of China]* (2nd ed.). Wiesbaden: Verlag für Sozialwissenschaften.

Heilmann, S. (2008). Policy experimentation in China's economic rise. *Studies in Comparative International Development, 43*(1), 1–26.

Heilmann, S. (2009). Maximum tinkering under uncertainty: Unorthodox lessons from China. *Modern China, 35*(4), 450–462.

Heilmann, S. (2011a). Experience first, laws later: Experimentation and breakthroughs in the restructuring of China's state sector. In J. Oi (Ed.), *Going private in China: The politics of corporate restructuring and system reform* (pp. 95–118). Stanford: Shorenstein Center.

Heilmann, S. (2011b). Making plans for markets: Policies for the long term in China. *Harvard Asia Quarterly, 13*(2), 33–40.

Heilmann, S., & Gottwald, J.-C. (2002). *Der chinesische Aktienmarkt* [The Chinese equity market]. Hamburg: Institut für Asienkunde.

Heilmann, S., & Kirchberger, S. (2000). *The Chinese nomenklatura in transition: A study based on internal cadre statistics of the Central Organization Department of the Chinese Communist Party* (China Analysis, No. 1). Trier: Chinapolitik.

Heilmann, S., & Perry, E. (Eds.). (2011). *Mao's invisible hand: The political foundations of adaptive governance in China.* Harvard: Harvard University Asia Center.

Helleiner, E. (1989). Money and influence: Japanese power in the international monetary and financial system. *Millennium – Journal of International Studies, 18*(3), 343–358.

Helleiner, E. (1992). Japan and the changing global financial order. *International Journal, 47*(2), 420–444.

Helleiner, E. (2000). Still an extraordinary power, but for how much longer? The United States in world finance. In T. Lawton, J. Rosenau, & A. Verdun (Eds.), *Strange power: Shaping the parameters of international relations and international political economy* (pp. 229–247). Aldershot: Ashgate.

Helleiner, E. (2003). *The making of national money.* Ithaca: Cornell University Press.

Helleiner, E. (2006). Below the state: Micro-level monetary power. In D. Andrews (Ed.), *International monetary power* (pp. 72–90). Ithaca: Cornell University Press.

Helleiner, E. (2008). Political determinants of international currencies: What future for the US dollar? *Review of International Political Economy, 13*(3), 354–378.

Helleiner, E. (2009). The geopolitics of sovereign wealth funds: An introduction. *Geopolitics, 14*(2), 300–304.

Helleiner, E., & Kirshner, J. (Eds.). (2009). *The future of the dollar.* Ithaca: Cornell University Press.

Helleiner, E., & Momani, B. (2007). *Slipping into obscurity? Crisis and reform at the IMF* (CIGI Working Paper, No. 16). Waterloo: Centre for International Governance Innovation.

Hille, K. (2011, June 9). Lagarde 'confident' about IMF job. *Financial Times.* http://www.ft.com/intl/cms/s/0/9963c75c-9251-11e0-9e00-00144feab49a.html#axzz226d5oS3o. Accessed 30 July 2012.

Hilpert, H. G. (1998). Die Internationalisierung des Yen: Aufstieg zur Reservewährung? [The internationalization of the yen: Rising to reserve currency status?]. In A. Ernst & P. Pörtner (Eds.), *Die Rolle des Geldes in Japans Gesellschaft, Wirtschaft und Politik* [The role of money in Japan's society, economy and politics] (Vol. 286, pp. 147–160). Hamburg: Mitteilungen des Instituts für Asienkunde.

HKMA. (2013, March). *Half-yearly monetary and financial stability report.* Hong Kong: Hong Kong Monetary Authority. http://www.hkma.gov.hk/media/eng/publication-and-research/quarterly-bulletin/qb201303/E_Half-yearly.pdf. Accessed 16 Aug 2013.

Hu, X. (2007, April 14). *Statement given at the fifteenth meeting of the International Monetary and Financial Committee,* Washington, DC. http://www.imf.org/external/spring/2007/imfc/statement/eng/chn.pdf. Accessed 30 July 2012.

Huang, Y. (2011). Rethinking the Beijing consensus. *Asia Policy, 11,* 1–26.

ICBC. (2013). *Annual report 2012.* Beijing: Industrial and Commercial Bank of China. http://www.icbc-ltd.com/SiteCollectionDocuments/ICBC/Resources/ICBCLTD/%E4%B8%8B%E8%BD%BD/2013/2012AnnualReport.pdf. Accessed 13 Aug 2013.

IDA15. (2008, February 28). *IDA: The platform for achieving results at the country level.* Washington, DC: International Development Association. http://siteresources.worldbank.org/IDA/Resources/Seminar%20PDFs/73449-1172525976405/FinalreportMarch2008.pdf. Accessed 30 July 2012.

IDA16. (2011, March 18). *Delivering development results.* Washington, DC: International Development Association. http://siteresources.worldbank.org/IDA/Resources/IDA16_Report-English-Final.pdf. Accessed 30 July 2012.

IMF. (2000). *Debt-and reserve-related indicators of external vulnerability.* Washington, DC: International Monetary Fund. http://www.imf.org/external/np/pdr/debtres/debtres.pdf. Accessed 30 July 2012.

IMF. (2004). *Guidelines for foreign exchange reserve management.* Washington, DC: International Monetary Fund. http://www.bcentral.cl/eng/financial-operations/pdf/Guidelines%20for%20Foreign%20Exchange%20Management%20FMI%202004.pdf. Accessed 30 July 2012.

IMF. (2006, August 31). *Report of the executive board to the board of governors: Quota and voice reform in the International Monetary Fund.* Washington, DC: International Monetary Fund. http://www.imf.org/external/np/pp/eng/2006/083106.pdf. Accessed 30 July 2012.

IMF. (2007, June 21). *IMF executive board adopts new decision on bilateral surveillance over members' policies.* Washington, DC: International Monetary Fund. http://www.imf.org/external/np/sec/pn/2007/pn0769.htm. Accessed 30 July 2012.

IMF. (2008). *Reform of IMF quotas and voice: Responding to changes in the global economy.* Washington, DC: International Monetary Fund. http://www.imf.org/external/np/exr/ib/2008/040108.htm. Accessed 30 July 2012.

IMF. (2010a, November 5). *IMF board approves far-reaching governance reforms.* Washington, DC: International Monetary Fund. http://www.imf.org/external/pubs/ft/survey/so/2010/NEW110510B.htm. Accessed 30 July 2012.

IMF. (2010b, February 24). *IMF managing director Dominique Strauss-Kahn names China's Zhu Min as special advisor.* Washington, DC: International Monetary Fund. http://www.imf.org/external/np/sec/pr/2010/pr1058.htm. Accessed 30 July 2012.

IMF. (2012a). *Annual report 2012: Distribution of IMF professional and managerial staff by nationality.* Washington, DC: International Monetary Fund. http://www.imf.org/external/pubs/ft/ar/2012/eng/pdf/webtable51.pdf. Accessed 17 Aug 2012.

IMF. (2012b, March 30). *IMF quotas.* Washington, DC: International Monetary Fund. http://www.imf.org/external/np/exr/facts/quotas.htm. Accessed 30 July 2012.

IMF. (2012c, March 30). *IMF standing borrowing arrangements.* Washington, DC: International Monetary Fund. http://www.imf.org/external/np/exr/facts/gabnab.htm. Accessed 30 July 2012.

IMF. (2013, August 1). *IMF multi-country report.* Washington, DC: International Monetary Fund. http://www.imf.org/external/np/pp/eng/2013/062013a.pdf. Accessed 15 Aug 2013.

IMF. (n.d.-a). *Country representation.* Washington, DC: International Monetary Fund. http://www.imf.org/external/about/govrep.htm. Accessed 30 July 2012.

IMF. (n.d.-b). *Governance structure.* Washington, DC: International Monetary Fund. http://www.imf.org/external/about/govstruct.htm. Accessed 30 July 2012.

IMF. (n.d.-c). *Note purchase agreement between the People's Bank of China and the International Monetary Fund.* Washington, DC: International Monetary Fund. http://www.imf.org/external/np/pp/eng/2009/090209.pdf. Accessed 30 July 2012.

IMF. (n.d.-d). *Quota and voting shares before and after implementation of reforms agreed in 2008 and 2010.* Washington, DC: International Monetary Fund. http://www.imf.org/external/np/sec/pr/2011/pdfs/quota_tbl.pdf. Accessed 30 July 2012.

Itoh, M. (1990). *The world economic crisis and Japanese capitalism.* New York: St. Martin's Press.

Jen, S., & St-Arnaud, C. (2007, July 13). EM currencies: Excess official reserves. In *Global economic forum.* New York: Morgan Stanley. http://www.morganstanley.com/views/gef/archive/2007/20070713-Fri.html#anchorff15cb43-419e-11de-a1b3-c771ef8db296. Accessed 30 July 2012.

Jian, J. (2011, September 14). The myth of the 'China model' in Africa. *Asia Times.* http://www.atimes.com/atimes/china/mi14ad01.html. Accessed 30 July 2012.

Jiao, J. (2007, December). Dui yunyong waihui chubei sheli guojia touzi gongsi de sikao [Reflections on the use of foreign exchange reserves for the establishment of a national investment company]. *Qiyejia tiandi,* 103–104.

Johnson, C. (1982). *MITI and the Japanese miracle: The growth of industrial policy, 1925–1975.* Stanford: Stanford University Press.

Johnson, C. (1987). Political institutions and economic performance: The government-business relationship in Japan, South Korea, and Taiwan. In F. Deyo (Ed.), *The political economy of the new Asian industrialism* (pp. 136–164). Ithaca: Cornell University Press.

Kahler, M. (1990). The United States and the International Monetary Fund: Declining influence or declining interest? In M. Karns & K. Mingst (Eds.), *The United States and multilateral institutions: Patterns of changing instrumentality and influence* (pp. 91–114). Boston: Unwin Hyman.

Kapur, D., Lewis, J., & Webb, R. (1997). *The World Bank: Its first half century* (Vol. 1). Washington, DC: Brookings Institution Press.

Katada, S. (2002). Japan and Asian monetary regionalisation: Cultivating a new regional leadership after the Asian financial crisis. *Geopolitics, 7*(1), 85–112.

Katada, S. (2008). From a supporter to a challenger? Japan's currency leadership in dollar-denominated East Asia. *Review of International Political Economy, 15*(3), 399–417.

Katsuhiro, S. (2007). Global governance, Japan and the World Bank. In G. Hook & H. Dobson (Eds.), *Global governance and Japan: The institutional architecture* (pp. 110–125). London: Routledge.

Kennedy, S. (2010). The myth of the Beijing consensus. *Journal of Contemporary China, 19*(65), 461–477.

Kennedy, S. (2011). Overcoming our Middle Kingdom complex: Finding China's place in comparative politics. In S. Kennedy (Ed.), *Beyond the Middle Kingdom: Comparative perspectives on China's capitalist transformation* (pp. 3–21). Stanford: Stanford University Press.

Keohane, R. (1980). The theory of hegemonic stability and changes in international economic regimes. 1967–1977. In O. Holsti, R. Siverson, & A. George (Eds.), *Change in the international system* (pp. 131–162). Boulder: Westview Press.

Kirshner, J. (1995). *Currency and coercion: The political economy of international monetary power.* Princeton: Princeton University Press.

Kirshner, J. (2006). Currency and coercion in the twenty-first century. In D. Andrews (Ed.), *International monetary power* (pp. 139–161). Ithaca: Cornell University Press.

Kirshner, J. (2008). Dollar primacy and American power: What's at stake? *Review of International Political Economy, 15*(3), 418–438.

Konyn, M. (2012, January 15). Renminbi investment scheme will benefit Chinese fund managers. *Financial Times.* http://www.ft.com/intl/cms/s/0/8b54f10e-3ac1-11e1-a756-00144feabdc0. html#axzz226d5oS3o. Accessed 30 July 2012.

Kroeber, A. (2009a, May 27). Don't believe the renminbi hype. Financial Times. http://www.ft. com/intl/cms/s/0/06c4c5ae-4a55-11de-8e7e-00144feabdc0.html#axzz1v8osjof8. Accessed 30 July 2012.

Kroeber, A. (2009b, June 24). China's accelerating financial reform. *Financial Times.* http://www. ft.com/intl/cms/s/0/8fe40a72-6056-11de-a09b-00144feabdc0.html#axzz1v8osjof8. Accessed 30 July 2012.

Kroeber, A. (2011). Developmental dreams: Policy and reality in China's economic reforms. In S. Kennedy (Ed.), *Beyond the Middle Kingdom: Comparative perspectives on China's capitalist transformation* (pp. 44–65). Stanford: Stanford University Press.

Kunieda, Y. (1995). The internationalization of the yen: A decade since the Yen-Dollar Committee. *Tokyo Financial Review, 21*(6), 1–10.

Lardy, N. (2008). *Financial repression in China* (Policy Brief, PB08-8). Washington, DC: Peterson Institute for International Economics. http://www.iie.com/publications/pb/pb08-8. pdf. Accessed 30 July 2012.

Lardy, N., & Douglass, P. (2011). *Capital account liberalization and the role of the renminbi* (Working Paper, WP 11-6). Washington, DC: Peterson Institute for International Economics. http://www.iie.com/publications/wp/wp11-6.pdf. Accessed 30 July 2012.

Laurence, H. (2001). *Money rules: The new politics of finance in Britain and Japan.* Ithaca: Cornell University Press.

Leyshon, A. (1994). Under pressure: Finance, geo-economic competition and the rise and fall of Japan's postwar growth economy. In S. Corbridge, N. Thrift, & R. Martin (Eds.), *Money, power and space* (pp. 116–145). Oxford: Blackwell.

Li, B. (2007). Shixi zhongguo zhuquan caifu jijin [Analyzing China's sovereign wealth fund]. *Shanghai jinrong, 10,* 53–55.

Lieberthal, K., & Oksenberg, M. (1988). *Policy making in China: Leaders, structures, and processes.* Princeton: Princeton University Press.

Lin, J. Y. (2011, March 23). *China and the global economy.* Remarks at the 20th anniversary of the University of Science and Technology. Hong Kong: University of Science and Technology.

http://siteresources.worldbank.org/DEC/Resources/UST-Justin-Lin-Hongkong.pdf. Accessed 30 July 2012.

Lipscy, P. (2003). Japan's Asian monetary fund proposal. *Stanford Journal of East Asian Affairs, 3* (1), 93–104.

Liu, D. (2009, May 14). Yu Yongding tan renminbi guojihua lujing [Yu Yongding talks about the internationalization of the renminbi]. *Caijing.* http://www.caijing.com.cn/2009-05-14/ 110166092.html. Accessed 30 July 2012.

Ma, Y. (2011, January 24). Wenzhou's overseas investment trial halted. *Caixin.* http://english. caixin.com/2011-01-24/100220616.html. Accessed 30 July 2012.

Ma, G., & McCauley, R. (2007). *Do China's capital controls still bind? Implications for monetary autonomy and capital liberalisation* (BIS Working Paper, No. 233). Basel: Bank for International Settlements. http://www.bis.org/publ/work233.pdf. Accessed 30 July 2012.

Ma, G., & Zhou, H. (2009). *China's evolving external wealth and rising creditor position* (BIS Working Paper, No. 286). Basel: Bank for International Settlements. http://www.bis.org/publ/ work286.pdf. Accessed 30 July 2012.

McCauley, R. (2011). *Internationalizing the renminbi and China's financial development model.* New York: Council on Foreign Relations. http://www.cfr.org/china/renminbi-internationaliza tion-chinas-financial-development-Fmodel/p26290. Accessed 30 July 2012.

McGregor, R. (2007, September 13). China fund may broaden mandate. *Financial Times.* http:// www.ft.com/intl/cms/s/0/1dacb784-61ba-11dc-bdf6-0000779fd2ac.html#axzz1NRx1V89R. Accessed 30 July 2012.

McGregor, R. (2008a, February 1). Beijing starts to pay for forex 'sterilisation'. *Financial Times.* http://www.ft.com/intl/cms/s/0/0b83f086-d01e-11dc-9309-0000779fd2ac.html#axzz1NRx1V89R. Accessed 30 July 2012.

McGregor, R. (2008b, January 22). World Bank appointment to strengthen Beijing ties. *Financial Times.* http://www.ft.com/intl/cms/s/0/60ae594a-c88d-11dc-94a6-0000779fd2ac.html#axzz226d5oS3o. Accessed 30 July 2012.

McGregor, R. (2011, January 16). Hu questions future role of US dollar. *Financial Times.* http:// www.ft.com/intl/cms/s/0/ae01a8f6-21b7-11e0-9e3b-00144feab49a.html#axzz2nSEbCw60. Accessed 30 July 2012.

McGregor, R., & Mitchell, T. (2007, November 4). China puts Hong Kong share plan on ice. *Financial Times.* http://www.ft.com/intl/cms/s/0/4b3556dc-8b01-11dc-95f7-0000779fd2ac. html#axzz1mNUQI8NC. Accessed 30 July 2012.

McGuinness, P. (2009). An overview and assessment of the reform of the non-tradable shares of Chinese state-owned enterprise A-share issuers. *Journal of Financial Regulation and Compliance, 17*(1), 41–56.

McGuire, P., & von Peter, G. (2009, March). *The US dollar shortage in global banking.* In *BIS quarterly review* (pp. 47–63). Basel: Bank for International Settlements. http://www.bis.org/ publ/qtrpdf/r_qt0903f.pdf. Accessed 30 July 2012.

McKinnon, R. (1973). *Money and capital in economic development.* Washington, DC: Brookings Institution.

MOFCOM. (2013, January 30). *Brief statistics on China's import & export in December 2012.* Beijing: Ministry of Commerce. http://english.mofcom.gov.cn/article/statistic/BriefStatistics/ 201301/20130100017291.shtml. Accessed 18 Aug 2013.

Mohanty, M. S., & Turner, P. (2006, September). Foreign exchange reserve accumulation in emerging markets: What are the domestic implications. In *BIS quarterly review* (pp. 39–52). Basel: Bank for International Settlements. http://www.bis.org/repofficepubl/ arpresearch200609.01.pdf. Accessed 30 July 2012.

Moran, M. (1991). *The politics of the financial services revolution: The USA, UK and Japan.* London: McMillan.

Mundell, R. (1963). Capital mobility and stabilization policy under fixed and flexible exchange rates. *Canadian Journal of Economic and Political Science, 29*(4), 475–485.

Murphy, T. (1996). *The weight of the yen: How denial imperils America's future and ruins an alliance*. New York: Norton & Company.

Murphy, M., & Yuan, W. J. (2009). *Is China ready to challenge the dollar? Internationalization of the renminbi and its implications for the United States*. Washington, DC: Center for Strategic and International Studies. http://csis.org/files/publication/091007_Murphy_IsChinaReady_Web.pdf. Accessed 30 July 2012.

NAFMII. (n.d.). *Guidelines on medium-term notes business of non-financial enterprises in the interbank bond market*. Beijing: National Association of Financial Market Institutional Investors. http://www.nafmii.org.cn/english/lawsandregulations/selfregulatory_e/201205/t20120530_15427. html. Accessed 9 Aug 2013.

Nakamoto, M., & Cookson, R. (2010, July 8). China in record Japan Sovereign debt buy. *Financial Times*. http://www.ft.com/intl/cms/s/0/8c861c30-8a5d-11df-bd2e-00144feab49a.html#axzz1NRx1V89R. Accessed 30 July 2012.

Nathan, A. (2003). Authoritarian resilience. *Journal of Democracy, 14*(1), 6–17.

Naughton, B. (2007). *The Chinese economy: Transitions and growth*. Cambridge, MA: MIT Press.

Naughton, B. (2010). China's distinctive system: Can it be a model for others? *Journal of Contemporary China, 19*(65), 437–460.

Nee, V., Opper, S., & Wong, S. (2007). Developmental state and corporate governance in China. *Management and Organization Review, 3*(1), 19–53.

Noble, J. (2011, June 20). Is China picking euro debt over US treasuries? *Financial Times*. http://blogs.ft.com/beyond-brics/2011/06/20/is-china-picking-euro-debt-over-us-treasuries/#axzz228My7mGk. Accessed 30 July 2012.

Oakley, D., & Anderlini, J. (2010, May 27). China eyes cut in euro exposure. *Financial Times*. http://www.ft.com/intl/cms/s/0/f23dcd92-6925-11df-aa7e-00144feab49a.html#axzz2nSEbCw60. Accessed 30 July 2012.

OECD. (2005). *Economic survey of China*. Paris: Organisation for Economic Co-operation and Development.

OECF. (1998). Issues related to the World Bank's approach to structural adjustment: A proposal from a major partner. In K. Ohno & I. Ohno (Eds.), *Japanese views on economic development: Diverse paths to the market* (pp. 61–69). London: Routledge.

Ogata, S. (1989). Shifting power relations in multilateral development banks. *Journal of International Studies, 22*, 1–20.

Olson, S., & Prestowitz, C. (2011). *The evolving role of China in international institutions*. Report prepared for the U.S.–China Economic and Security Review Commission. Washington, DC: Economic Strategy Institute. http://www.uscc.gov/researchpapers/2011/TheEvolvingRoleofChinainInternationalInstitutions.pdf. Accessed 30 July 2012.

Ostry, J., Gosh, A., Habermeier, K., Chamon, M., Qureshi, M., & Reinhard, D. (2010). *Capital inflows: The role of controls* (IMF Staff Position Note, SPN/10/04). Washington, DC: International Monetary Fund. http://www.imf.org/external/pubs/ft/spn/2010/spn1004.pdf. Accessed 30 July 2012.

Park, D. H (2007). *Beyond liquidity: New uses for developing Asia's foreign exchange reserves* (ERD Working Paper, No. 109). Manila: Asian Development Bank. http://www.adb.org/sites/default/files/pub/2007/WP109.pdf. Accessed 30 July 2012.

Parker, G., Dinmore, G., Guha, K., & Lau, J. (2009, July 9). China attacks dollar's dominance. *Financial Times*. http://www.ft.com/intl/cms/s/0/81f3125a-6cae-11de-af56-00144feabdc0. html. Accessed 30 July 2012.

PBOC. (2005, June 6). *People's Bank of China promulgated the administrative rules for short-term financing bills*. Beijing: People's Bank of China. http://www.pbc.gov.cn/publish/english/955/2000/20002/20002_.html. Accessed 9 Aug 2013.

PBOC. (2010a, March 25). *Highlights of China's monetary policy in 2009*. Beijing: People's Bank of China. http://www.pbc.gov.cn/publish/english/955/2010/20100521104245630314035/20100521104245630314035_.html. Accessed 31 July 2012.

PBOC. (2010b, February 11). *Zhongguo huobi zhengce zhexing baogao: Er ling yi jiu ling nian disi jidu* [Report on the implementation of Chinese monetary policy: Fourth quarter of 2009]. Beijing: People's Bank of China. http://www.pbc.gov.cn/publish/zhengcehuobisi/897/2010/20100318182635079140734/20100318182635079140734_.html. Accessed 30 July 2012.

PBOC. (2011a, February 1). *Highlights of China's monetary policy in 2010*. Beijing: People's Bank of China. http://www.pbc.gov.cn:8080/publish/english/955/2011/20110321085259259966571/20110321085259259966571_.html. Accessed 31 July 2012.

PBOC. (2011b, January 30). *Zhongguo huobi zhengce zhexing baogao: Er ling yi ling nian disi jidu* [Report on the implementation of Chinese monetary policy: Fourth quarter of 2010]. Beijing: People's Bank of China. http://www.pbc.gov.cn/publish/zhengcehuobisi/3078/2011/20110130192348658678312/20110130192348658678312_.html. Accessed 30 July 2012.

PBOC. (2011c). *2010 nian guoji jinrong shichang baogao* [2010 report on international financial markets]. Shanghai: People's Bank of China. http://www.pbc.gov.cn/publish/goutongjiaoliu/524/2011/20110325153152445488612/20110325153152445488612_.html. Accessed 30 July 2012.

PBOC. (2012a, February 28). *Highlights of China's monetary policy in 2011*. Beijing: People's Bank of China. http://www.pbc.gov.cn/publish/english/955/2012/20120319093132597913401/20120319093132597913401_.html. Accessed 31 July 2012.

PBOC. (2012b, February 15). *Zhongguo huobi zhengce zhexing baogao: Er ling yi yi nian disi jidu* [Report on the implementation of Chinese monetary policy: Fourth quarter of 2011]. Beijing: People's Bank of China. http://www.pbc.gov.cn/publish/zhengcehuobisi/3679/2012/20120215170702347457349/20120215170702347457349_.html. Accessed 30 July 2012.

PBOC. (2013a, February 25). *Highlights of China's monetary policy in 2012*. Beijing: People's Bank of China. http://www.pbc.gov.cn/publish/english/955/2013/20130314105541578282714/20130314105541578282714_.html. Accessed 13 Aug 2013.

PBOC. (2013b, February 6). *Zhongguo huobi zhengce zhexing baogao: Er ling yi er nian disi jidu* [Report on the implementation of Chinese monetary policy: Fourth quarter of 2012]. Beijing: People's Bank of China. http://www.pbc.gov.cn/publish/bangongting/82/2013/20130206184942484447083/20130206184942484447083_.html. Accessed 15 Aug 2013.

PBOC. (2013c). *Zhongguo jinrong wending baogao 2013* [China financial stability report 2013]. Beijing: People's Bank of China. http://www.pbc.gov.cn/image_public/UserFiles/goutongjiaoliu/upload/File/%E4%B8%AD%E5%9B%BD%E9%87%91%E8%9E%8D%E7%A8%B3%E5%AE%9A%E6%8A%A5%E5%91%8A2013.pdf. Accessed 13 Aug 2013.

PBOC. (n.d.-a). *Sources and uses of credit funds by financial institutions by sector in 2012*. Beijing: People's Bank of China. http://www.pbc.gov.cn/publish/html/2012s03a.htm. Accessed 18 Aug 2013.

PBOC. (n.d.-b). *Sources and uses of credit funds by financial institutions by sector in 2011*. Beijing: People's Bank of China. http://www.pbc.gov.cn/publish/html/2011s03a.htm. Accessed 18 Aug 2013.

PBOC. (n.d.-c). *Sources and uses of credit funds by financial institutions by sector in 2010*. Beijing: People's Bank of China. http://www.pbc.gov.cn/publish/html/2010s03a.htm. Accessed 31 July 2012.

PBOC. (n.d.-d). *Sources and uses of credit funds by financial institutions by sector in 2009*. Beijing: People's Bank of China. http://www.pbc.gov.cn/publish/html/2009s03a.htm. Accessed 31 July 2012.

PBOC. (n.d.-e). *Sources and uses of credit funds by financial institutions by sector in 2008*. Beijing: People's Bank of China. http://www.pbc.gov.cn/publish/html/2008S03a.htm. Accessed 18 Aug 2013.

PBOC. (n.d.-f). *Sources and uses of credit funds by financial institutions by sector in 2007*. Beijing: People's Bank of China. http://www.pbc.gov.cn/publish/html/2007S03a.htm. Accessed 18 Aug 2013.

Pei, M. (2008). *China's trapped transition: The limits of developmental autocracy*. Harvard: Harvard University Press.

Peng, L. (2011, August 17). Zhou Xiaochuan: qiye fugang fa renzhai guimo cengzhi 500 yi [Zhou Xiaochuan: Worth of renminbi bonds that corporations are allowed to issue in Hong Kong increases to CNY 50 billion]. *Xinlang Caijing*. http://finance.sina.com.cn/g/20110817/134410331562.shtml. Accessed 30 July 2012.

People's Daily. (2008, November 7). Agricultural Bank of China receives 130 bln yuan capital injection. http://english.people.com.cn/90001/90776/90884/6529061.html. Accessed 30 July 2012.

People's Daily. (2013, May 9). China's Central Bank resumes bill issuance to drain liquidity. http://english.people.com.cn/90778/8238877.html. Accessed 14 Aug 2013.

Pilling, D. (2010, August 25). Long March to renminbi convertibility. *Financial Times*. http://www.ft.com/intl/cms/s/0/f815ca7e-b08a-11df-8c04-00144feabdc0.html#axzz1NRx1V89R. Accessed 30 July 2012.

Prasad, E., & Wei, S.-J. (2005). *The Chinese approach to capital inflows: Patterns and possible explanations* (IMF Working Paper, WP/05/79). Washington, DC: International Monetary Fund. http://www.imf.org/external/pubs/ft/wp/2005/wp0579.pdf. Accessed 30 July 2012.

Prasad, E., Rumbaugh, T., & Wang, Q. (2006). Putting the cart before the horse? Capital account liberalization and exchange rate flexibility in China. In IMF, *China and India learning from each other: Reforms and policies for sustained growth* (pp. 181–199). Washington, DC: International Monetary Fund.

Rabinovitch, S. (2011, August 17). China issues $3.1bn of bonds in Hong Kong. *Financial Times*. http://www.ft.com/intl/cms/s/0/90ff79e6-c8c3-11e0-a2c8-00144feabdc0.html#axzz226d5oS3o. Accessed 30 July 2012.

Ramo, J. C. (2004). *The Beijing consensus*. London: Central Books.

Rapkin, D., & Strand, J. (1997). The U.S. and Japan in the Bretton Woods institutions: Sharing or contesting leadership? *International Journal, 52*(2), 265–296.

Reuters. (2013, July 12). China to increase QFII-quota, expand RQFII to London, Singapore – CSRC. http://www.reuters.com/article/2013/07/12/china-qfii-idUSL4N0FI20O20130712. Accessed 15 Aug 2013.

Rosenbluth, F. M. C. (1989). *Financial politics in contemporary Japan*. Ithaca: Cornell University Press.

SAFE. (2012a, July 30). *Balance of payments of China*. Beijing: State Administration of Foreign Exchange. http://www.safe.gov.cn/wps/portal/!ut/p/c5/04_SB8K8xLLM9MSSzPy8xBz9CP0os3g PZxdnX293QwP30FAnA8_AEBc3C1NjIxMjU6B8JG75YGMKdLubGRDQHQ5yLX7b8ciDzQf JG-AAjgb6fh75uan6BbmhEQaZAekAc9mgLQ!!/dl3/d3/L2dJQSEvUUt3QS9ZQnZ3LzZfSENEQ 01LRzEwT085RTBJNkE1U1NDRzNMTDQ!/?WCM_GLOBAL_CONTEXT=/wps/wcm/connect/safe_web_store/state+administration+of+foreign+exchange/data+and+statistics/balance+of+payments/03119b804c296bc0a405af4393d9cc2e. Accessed 18 Aug 2013.

SAFE. (2012b, August 7). *China's foreign exchange reserves*. Beijing: State Administration of Foreign Exchange. http://www.safe.gov.cn/wps/portal/!ut/p/c5/04_SB8K8xLLM9MSSzPy8xBz9CP0os3g PZxdnX293QwP30FAnA8_AEBc3C1NjIxMjA6B8JE55dzMDArrDQfbhVhFsjFcebD5I3gAHc DTQ9_PIz03VL8iNMMgMSFcEAP5jfwo!/dl3/d3/L2dJQSEvUUt3QS9ZQnZ3LzZfSENEQ01 LRzEwT085RTBJNkE1U1NDRzNMTDQ!/?WCM_GLOBAL_CONTEXT=/wps/wcm/connect/safe_web_store/state+administration+of+foreign+exchange/data+and+statistics/forex+reserves/bb4353804c420bf6aa0aaefd3fd7c3dc. Accessed 18 Aug 2013.

SAFE. (2012c, June 19). *2001–2011 nian waizhai zongti qingkuang* [Overall situation of China's external debt]. Beijing: State Administration of Foreign Exchange. http://www.safe.gov.cn/wps/portal/!ut/p/c5/hc1BC4IwHAXwTxR7wzXncZu5_ZcZJpR5EQ8RQmqH6POndAuq944_Ho81bO7YPftr9-insbuxmjWyFUClDNdQWZ6A1jpVPBEmr-TsZ9Iap72Ic0AJB5Aw-8Lbko OiP-vT8idbb1O72zoOl1kD0tUxypzgAGHK0EWRKHchOD5IY3f_ut_cXyJBiv8NFzYfajR00q_ AE0Uwho!/dl3/d3/L2dJQSEvUUt3QS9ZQnZ3LzZfSENEQ01LRzEwODRJQzBJSU pRRUp KSDEySTI!/?WCM_GLOBAL_CONTEXT=/wps/wcm/connect/safe_web_store/safe_web/tjsj/node_tjsj_wzsj/node_tjsj_wzsj2_store/fa3bb0804af059fd9eb59f8299a02c57. Accessed 18 Aug 2013.

SAFE. (2013a, April 3). *Balance of payments 2012*. Beijing: State Administration of Foreign Exchange. http://www.safe.gov.cn/wps/portal/!ut/p/c5/04_SB8K8xLLM9MSSzPy8xBz9CP0os3gPZxdn X293QwP30FAnA8_AEBc3C1NjIxMjU6B8JG75YGMKdLubGRDQHQ5yLX7b8ciDzQfJG-AAjgb6fh75uan6BbmhEQaZAekAc9mgLQ!!/dl3/d3/L2dJQSEvUUt3QS9ZQnZ3LzZfSENEQ 01LRzEwT085RTBJNkE1U1NDRzNMTDQ!/?WCM_GLOBAL_CONTEXT=/wps/wcm/ connect/safe_web_store/state+administration+of+foreign+exchange/data+and+statistics/balance+ of+payments/ebc0bb004f1fd6b5b323ffb346e93bc7. Accessed 18 Aug 2013.

SAFE. (2013b, July 1). *China's international investment position*. Beijing: State Administration of Foreign Exchange. http://www.safe.gov.cn/wps/portal/english/Data/Investment. Accessed 16 Aug 2013.

SAFE. (2013c, March 14). *Zhongguo waihui chubei 2012 nian* [China's foreign exchange reserves in 2012]. Beijing: State Administration of Foreign Exchange. http://www.safe.gov.cn/wps/portal/ !ut/p/c5/hc2xDoIwGATgJzK9SoEytsW2PyIGSRRZCIMxJAIOxucX4mai3o1fLscaNnfsnv21e_ TT2N1YzZqoFUAlNVeQNk9AoUolT4QOw3j2c9Qap7yIc0AKB5DQ-8KbkoOCP-vT8he13q Rmt3UczhoNUtUxsE7wwK4_XAoyIMrKTZZ5fkjjt__6XxxfosAKPw0Xdh9q9LRSL5COXLU!/ dl3/d3/L2dJQSEvUUt3QS9ZQnZ3LzZfSENEQ01LRzEwODRJQzBJSUpRRUpKSDEySTI!/? WCM_GLOBAL_CONTEXT=/wps/wcm/connect/safe_web_store/safe_web/tjsj/node_tjsj_ whcb/node_tjsj_whcbs_store/945bd3004ee234cb821acf67bbb2cc48. Accessed 18 Aug 2013.

Schlichting, S. (2008). *Internationalising China's financial markets*. Houndmills: Palgrave Macmillan.

Sender, H. (2008a, June 10). China's SAFE to invest $2.5bn in TPG fund. *Financial Times*. http:// www.ft.com/intl/cms/s/0/d793921e-3714-11dd-bc1c-0000779fd2ac.html#axzz226d5oS3o. Accessed 30 July 2012.

Sender, H. (2008b, February 8). CIC close to fund deal with JC flowers. *Financial Times*. http://www. ft.com/intl/cms/s/0/aeaf55dc-d5b1-11dc-8b56-0000779fd2ac.html. Accessed 30 July 2012.

Setser, B. (2008). *Sovereign wealth and sovereign power: The strategic consequences of American indebtedness*. New York: Council on Foreign Relations. http://www.cfr.org/economics/sover eign-wealth-sovereign-power/p17074. Accessed 30 July 2012.

Setser, B., & Pandey, A. (2009). *China's $1.7 trillion bet: China's external portfolio and dollar reserves*. New York: Council on Foreign Relations. http://www.cfr.org/content/publications/ attachments/CGS_WorkingPaper_6_China.pdf. Accessed 30 July 2012.

Shaw, E. (1973). *Financial deepening in economic development*. New York: Oxford University Press.

Shih, V. (2007). *Factions and finance in China: Elite conflict and inflation*. Cambridge: Cambridge University Press.

Shih, V. (2009). Tools of survival: Sovereign wealth funds in Singapore and China. *Geopolitics, 14*(2), 328–344.

Shirk, S. (1993). *The political logic of reform in China*. Berkeley: University of California Press.

Sina. (n.d.). *Chao zhuquan chubei huobi zhongjie meiyuan bawang?* [Will a supra-national reserve currency end the dollar's hegemony?]. Beijing: Sina. http://survey.news.sina.com.cn/ voteresult.php?pid=31974. Accessed 31 July 2012.

State Council. (2004, February 2). Guowuyuan guanyu tuijin ziben shichang gaige fazhan de jiutiao yijian [The state council's nine suggestions on moving forward the reform, opening and development of the capital markets]. *Renmin Ribao*. http://www.people.com.cn/GB/jingji/ 1037/2314920.html. Accessed 9 Aug 2013.

State Council. (2009, April 14). *Guowuyuan guanyu tuijin shanghai jiakuai fazhan xiandai fuwuye he xianjin zhizaoye jianshe guoji jinrong zhongxin he guoji hangyun zhongxin de yijian* [The State Council's opinion on the promotion of Shanghai's accelerated development of a modern service industry and an advanced manufacturing center, the construction of an International Financial Center and an International Shipping Center] (Document No. 19). Beijing: State Council. http://www.gov.cn/zwgk/2009-04/29/content_1299428.htm. Accessed 30 July 2012.

Stern, N., & Ferreira, F. (1997). The World Bank as 'intellectual actor'. In D. Kapur, J. Lewis, & R. Webb (Eds.), *The World Bank: Its first half century* (Vol. 2, pp. 523–609). Washington, DC: Brookings Institution Press.

Strange, S. (1971). *Sterling and British policy: A political study of an international currency in decline*. London: Oxford University Press.

Strange, S. (1973). IMF: Monetary managers. In R. Cox & H. Jacobson (Eds.), *The anatomy of influence: Decision making in international organization* (pp. 263–297). New Haven: Yale University Press.

Strange, S. (1982). Still an extraordinary power: America's role in a global monetary system. In R. Lombra & W. Witte (Eds.), *The political economy of international and domestic monetary relations* (pp. 73–93). Ames: Iowa State University Press.

Strange, S. (1986). *Casino capitalism*. Oxford: Blackwell.

Strange, S. (1988). *States and markets*. London: Pinter Publishers.

Strange, S. (1990). Finance, information and power. *Review of International Studies, 16*(3), 259–274.

Strauss-Kahn, D. (2010, July 12). *Asia and the global economy: Leading the way forward in the 21st century*, Opening remarks at the Asia 21 conference, Daejeon. http://www.imf.org/external/np/speeches/2010/071210.htm. Accessed 31 July 2012.

Stumm, M. (2011, March 4). World Bank: More responsibility for developing countries. Development and Cooperation. http://www.dandc.eu/en/article/how-voice-reform-came-about-world-bank. Accessed 31 July 2012.

Subacchi, P. (2010). *One currency, two systems: China's renminbi strategy* (Chatham House Briefing Paper). London: Chatham House. http://www.chathamhouse.org/sites/default/files/public/Research/International%20Economics/bp1010renminbi.pdf. Accessed 31 July 2012.

Takagi, S. (2011). Internationalising the yen, 1984–2003: Unfinished agenda or mission impossible?. In *Currency internationalisation: Lessons from the global financial crisis and prospects for the future in Asia and the Pacific* (BIS Paper, No. 61, pp. 75–85). Basel: Bank for International Settlements. http://www.bis.org/publ/bppdf/bispap61.pdf. Accessed 31 July 2012.

Tavlas, G. (1991). *On the international use of currencies: The case of the Deutsche mark* (Princeton Essays in International Finance, No. 181). Princeton: Princeton University. http://www.princeton.edu/~ies/IES_Essays/E181.pdf. Accessed 31 July 2012.

Terry, E. (2000). How Asia got rich: World Bank vs. Japanese industrial policy. *The Japanese Economy, 28*(2), 76–96.

TIC. (n.d.). Foreign portfolio holdings of US securities. Washington, DC: Department of the Treasury – Treasury International Capital System. http://www.treasury.gov/resource-center/data-chart-center/tic/Documents/shlhistdat.html. Accessed 18 Aug 2013.

Tsai, K., & Cook, S. (2005). Developmental dilemmas in China: Socialist transition and late liberalization. In S. Pekkanen & K. Tsai (Eds.), *Japan and China in the world political economy* (pp. 45–66). London: Routledge.

UN. (2003). *Monterrey consensus on financing for development*. New York: United Nations. http://www.un.org/esa/ffd/monterrey/MonterreyConsensus.pdf. Accessed 31 July 2012.

US Treasury. (2012, December 31). *Monthly statement of the public debt of the United States*, Washington, DC: Department of the Treasury. http://www.treasurydirect.gov/govt/reports/pd/mspd/2012/opds122012.pdf. Accessed 18 Aug 2013.

Vestergaard, J. (2011). *The World Bank and the emerging world order: Adjusting to multipolarity at the second decimal point* (DIIS Report). Copenhagen: Danish Institute for International Studies. http://www.diis.dk/graphics/publications/reports2011/rp2011-05-world-bank-voice-reform_web.pdf. Accessed 31 July 2012.

Wade, R. (1996). Japan, the World Bank, and the art of paradigm maintenance: The East Asian miracle in political perspective. *New Left Review, 217*, 3–35.

Wade, A. (2008, January 23). Time for the west to practise what it preaches. *Financial Times*. http://www.ft.com/intl/cms/s/0/5d347f88-c897-11dc-94a6-0000779fd2ac.html#axzz226d5oS3o. Accessed 31 July 2012.

Walter, A. (2006). Domestic sources of international monetary leadership. In D. Andrews (Ed.), *International monetary power* (pp. 51–71). Ithaca: Cornell University Press.

Walter, C., & Howie, F. (2003). *Privatizing China: The stock markets and their role in corporate reform*. Singapore: Wiley.

Walter, C., & Howie, F. (2011). *Red capitalism: The fragile financial foundation of China's extraordinary rise*. Singapore: Wiley.

Wang, J. (2007a). Zhongguo touzi gongsi "fuchu shuimian" [The CIC emerges from the water]. *Liaowang, 41*, 61.

Wang, X. (2007b). China as a net creditor: An indication of strength or weaknesses? *China & World Economy, 15*(6), 22–36.

Wang, Q. (2009, March 27). G20 must look beyond the needs of the top 20. *The Times*. http://www.timesonline.co.uk/tol/comment/columnists/guest_contributors/article5982824.ece. Accessed 31 July 2012.

Wheatley, A. (2009a, February 9). China wants IMF to be tougher with rich states. *Reuters*. http://www.reuters.com/article/2009/02/09/g20-china-idUSPEK17709220090209. Accessed 31 July 2012.

Wheatley, J. (2009b, February 19). Brazil to supply oil to China for loans. *Financial Times*. http://www.ft.com/intl/cms/s/0/65f2d5b8-fedb-11dd-b19a-000077b07658.html. Accessed 31 July 2012.

White, G. (1988). State and market in China's socialist industrialisation. In G. White (Ed.), *Developmental states in East Asia* (pp. 153–192). Houndmills: MacMillan Press.

White, G., & Wade, R. (1988). Developmental states and markets in East Asia: An introduction. In G. White (Ed.), *Developmental states in East Asia* (pp. 1–29). Houndmills: MacMillan Press.

Williamson, J. (1990). What Washington means by policy reform. In J. Williamson (Ed.), *Latin American adjustment: How much has happened?* (pp. 7–20). Washington, DC: Institute for International Economics.

Wilson, J., & Anderlini, J. (2011, August 11). China's Safe now a main Munich Re shareholder. *Financial Times*. http://www.ft.com/intl/cms/s/0/e17eb524-c41f-11e0-b302-00144feabdc0.html #axzz226d5oS3o. Accessed 31 July 2012.

Wonacott, P. (2011, September 2). In Africa, U.S. watches China's rise. *Wall Street Journal*. http://online.wsj.com/article/SB10001424053111903392904576510271838147248.html. Accessed 31 July 2012.

Woo-Cumings, M. (1999). Introduction: Chalmers Johnson and the politics of nationalism and development. In M. Woo-Cumings (Ed.), *The developmental state* (pp. 1–31). Ithaca: Cornell University Press.

Woods, N. (2003a). The International Monetary Fund and World Bank. In M. Hawkesworth & M. Kogan (Eds.), *Encyclopedia of government and politics* (2nd ed., Vol. 2, pp. 953–968). London: Routledge.

Woods, N. (2003b). The United States and the international financial institutions: Power and influence within the World Bank and the IMF. In R. Foot, N. MacFarlane, & M. Mastanduno (Eds.), *US hegemony and international organizations* (pp. 93–114). Oxford: Oxford University Press.

World Bank. (1993). *The East Asian miracle: Economic growth and public policy*. Oxford: Oxford University Press.

World Bank. (2010, April 19). *World Bank group voice reform: Enhancing voice and participation of developing and transition countries in 2010 and beyond*. Paper prepared for the Development Committee meeting. Washington, DC: World Bank. http://siteresources.worldbank.org/DEVCOMMINT/Documentation/22553921/DC2010-006%28E%29Voice.pdf. Accessed 31 July 2012.

World Bank. (2011). *Annual report 2011*. Washington, DC: World Bank. http://siteresources.worldbank.org/EXTANNREP2011/Resources/8070616-1315496634380/WBAR11_YearInReview.pdf. Accessed 31 July 2012.

World Bank. (n.d.-a). *Boards of directors*. Washington, DC: World Bank. http://web.worldbank. org/WBSITE/EXTERNAL/EXTABOUTUS/ORGANIZATION/BODEXT/0,,pagePK:64020 055~theSitePK:278036,00.html. Accessed 31 July 2012.

World Bank. (n.d.-b). *Boards of governors*. Washington, DC: World Bank. http://web.worldbank.org/ WBSITE/EXTERNAL/EXTABOUTUS/0,,contentMDK:20873632~menuPK:8336903~page PK:51123644~piPK:329829~theSitePK:29708,00.html. Accessed 31 July 2012.

World Bank. (n.d.-c). *How IBRD is financed*. Washington, DC: World Bank. http://web. worldbank.org/WBSITE/EXTERNAL/EXTABOUTUS/EXTIBRD/0,,contentMDK:21116541~ menuPK:3126976~pagePK:64168445~piPK:64168309~theSitePK:3046012,00.html. Accessed 31 July 2012.

World Bank. (n.d.-d). *IDA replenishments*. Washington, DC: World Bank. http://web.worldbank. org/WBSITE/EXTERNAL/EXTABOUTUS/IDA/0,,contentMDK:21021125~menuPK:2842661~ pagePK:51236175~piPK:437394~theSitePK:73154,00.html. Accessed 31 July 2012.

Xie, X. (2009, October 5). *Statement given at the eightieth meeting of the Development Committee*, Istanbul. http://web.worldbank.org/WBSITE/EXTERNAL/DEVCOMMEXT/0,,pagePK:64000837~ piPK:64001152~theSitePK:277473~contentMDK:22632840,00.html. Accessed 31 July 2012.

Xinhua. (2006, March 16). *Zhonghua renmin gongheguo guomin jingji he shehui fazhan di shiyi ge wunian guihua gangyao* [Eleventh five-year plan for the development of the National Economy and Society of the People's Republic of China]. Beijing: Xinhua. http://www.gov.cn/ztzl/2006-03/16/content_228841.htm. Accessed 31 July 2012.

Xinhua. (2010, November 9). IMF chief names Chinese banker as his special advisor. http://www. china.org.cn/business/2010-11/09/content_21305745.htm. Accessed 31 July 2012.

Xinhua. (2012, June 28). China to issue 23 bln yuan sovereign bonds in Hong Kong. http://news. xinhuanet.com/english/china/2012-06/28/c_131681301.htm. Accessed 15 Aug 2013.

Xu, M. (2009). Building the Shanghai International Financial Centre: Strategic target, challenges and opportunities. In S. Young, D. Choi, J. Seade, & S. Shirai (Eds.), *Competition among financial centres in Asia-Pacific: Prospects, benefits, risks and policy challenges* (pp. 231–244). Singapore: Institute of Southeast Asian Studies.

Ye, G. (2012, January 8). HK approves first set of RQFII funds. *Financial Times*. http://www.ft.com/ intl/cms/s/0/9aa4d2f8-3852-11e1-9d07-00144feabdc0.html#axzz1v8osjof8. Accessed 31 July 2012.

Yi, G. (2009, October 4). *Statement at the twentieth meeting of the International Monetary and Financial Committee*, Istanbul. http://www.imf.org/external/am/2009/imfc/statement/eng/chn. pdf. Accessed 31 July 2012.

Yi, G. (2011, April 16). *Statement given at the twenty-third meeting of the International Monetary and Financial Committee*, Washington, DC. http://www.imf.org/external/spring/2011/imfc/ statement/eng/chn.pdf. Accessed 31 July 2012.

Yiu, E. (2013, July 19). Investors want more details on Qianhai. *South China Morning Post*. http:// www.scmp.com/business/china-business/article/1285700/investors-want-more-details-qianhai. Accessed 15 Aug 2013.

You, N., & Fu, J. (2009, March 17). Inject less money to IMF, China cautioned. *China Daily*. http://www.chinadaily.com.cn/bizchina/2009-03/17/content_7585135.htm. Accessed 31 July 2012.

Yu, Y. (2008, December 7). *Meiguo guozhai yu xiongmao zhaiquan* [US treasuries and panda bonds] (Policy Brief, No. 08083). Beijing: Research Center for International Finance.

Yu, J. (2013, January 23). Investors wary of new QDII prospects. *South China Morning Post*. http://www.scmp.com/business/money/markets-investing/article/1132555/investors-wary-new-qdii-prospects. Accessed 15 Aug 2013.

Yu, Y., & Gao, H. (2011). The internationalization of the renminbi. In Y.-W. Cheung & G. Ma (Eds.), *Asia and China in the global economy* (pp. 191–217). Hackensack: World Scientific.

Yuan, Z. (2009, February 27). Renminbi guojihua 'anzhan' [The dark war of the renminbi's internationalization]. *Jingji guancha bao*. http://www.eeo.com.cn/eeo/jjgcb/2009/03/02/130670.shtml. Accessed 31 July 2012.

Zhang, M. (2008, September 11). Shei lai zhuzi zhongguo yanghang? [Who will recapitalize China's Central Bank?]. *Financial Times Chinese*. http://www.ftchinese.com/story/001021882. Accessed 31 July 2012.

Zhang, M. (2009a). *Quanqiu jinrong weiji xia de zhongguo guoji jinrong xin zhanlüe* [The new Chinese international financial strategy in the international financial crisis] (Policy Brief, No. 09028). Beijing: Research Center for International Finance. Accessed 16 Apr 2009.

Zhang, T. (2009b, February 14). Zonghe guoli jueding renminbi guojihua [Comprehensive power decides the renminbi's internationalization]. *Zhengquan ribao*. http://news.xinhuanet.com/fortune/2009-02/14/content_10817296.htm. Accessed 31 July 2012.

Zhang, M., & He, F. (2009). China's sovereign wealth fund: Weakness and challenges. *China & World Economy, 17*(1), 101–116.

Zhang, H., & Li, T (2009, May 20). Ha Jiming: renminbi guojihua "yi li wei zhu" [Ha Jiming: Giving priority to construction in the renminbi's internationalization]. *Caijing*. http://www.caijing.com.cn/2009-05-20/110169001.html. Accessed 31 July 2012.

Zheng, F. (2011, November 29). Chouzi 36 yi yuan: Baogang xianggang dianxin zhai faxing wanbi [CNY 3.6 bn raised: Baogang's Hong Kong dim sum bond issuance completed]. *Caixin Wang*. http://finance.caixin.com/2011-11-29/100332357.html. Accessed 31 July 2012.

Zhong, F. (2007). Chuanghuizhe ying you qi hui [Foreign exchange reserves should remain in the hands of their creators]. *Zhongguo qiyejia, 19*, 32.

Zhongguo qiyejia wang. (2010, June 26). Xie Guozhong PK Li Daokui: renminbi guojihua zhi zheng [Xie Guozhong versus Li Daokui: The struggle to internationalize the renminbi]. http://finance.jrj.com.cn/people/2010/06/2610117673928.shtml. Accessed 31 July 2012.

Zhou, X. (2006). China's corporate bond market development: Lessons learned. In BIS, *Developing corporate bond markets in Asia*. Proceedings of a BIS/PBC seminar held in Kunming on 17–18 November 2005 (BIS Papers, No. 26, pp. 7–10). Basel: Bank for International Settlements. http://www.bis.org/arp/conf_0602.pdf. Accessed 9 Aug 2013.

Zhou, X. (2009, March 23). *Reform the international monetary system*. Beijing: People's Bank of China. http://www.pbc.gov.cn/publish/english/956/2009/20091229104425550619706/20091229104425550619706_.html. Accessed 31 July 2012.

Zhou, X. (2010a, April 24). *Statement given at the twenty-first meeting of the International Monetary and Financial Committee*, Washington, DC. http://www.imf.org/external/spring/2010/imfc/statement/eng/chn.pdf. Accessed 31 July 2012.

Zhou, X. (2010b, October 9). *Statement given at the twenty-second meeting of the International Monetary and Financial Committee*, Washington, DC. http://www.imf.org/external/am/2010/imfc/statement/eng/chn.pdf. Accessed 31 July 2010.

Zhu, C., & Lin, D. (2008, February 28). China needs sovereign pension fund – Govt scholar. *Reuters*. http://www.reuters.com/article/2008/02/28/china-pension-overseas-idUSHKG10968120080228. Accessed 31 July 2012.

Zoellick, R. (2010, September 29). *Democratizing development economics*. Washington, DC: Georgetown University. http://web.worldbank.org/WBSITE/EXTERNAL/NEWS/0,,contentMDK:22716997~pagePK:34370~piPK:42770~theSitePK:4607,00.html. Accessed 31 July 2012.

Zysman, J. (1983). *Governments, markets, and growth: Financial systems and the politics of industrial change*. Ithaca: Cornell University Press.

图书在版编目(CIP)数据

全球金融中的中国：国内金融抑制与国际金融权力/
(德)桑德拉·希普(Sandra Heep)著；辛平，罗文静
译.—上海：上海人民出版社，2016
（中国与全球政治经济丛书）
书名原文：China in Global Finance：Domestic
Financial Repression and International Financial
Power
ISBN 978-7-208-14197-1

Ⅰ.①全… Ⅱ.①桑… ②辛… ③罗… Ⅲ.①国际金
融-研究 Ⅳ.①F831

中国版本图书馆 CIP 数据核字(2016)第 278437 号

责任编辑 王 冲
封面设计 零创意文化

全球金融中的中国
——国内金融抑制与国际金融权力
[德]桑德拉·希普 著
辛 平 罗文静 译
世 纪 出 版 集 团
上海人民出版社出版

(200001 上海福建中路193号 www.ewen.co)

世纪出版集团发行中心发行 上海商务联西印刷有限公司印刷
开本 635×965 1/16 印张 10.75 插页 4 字数 153,000
2017年1月第1版 2017年1月第1次印刷
ISBN 978-7-208-14197-1/F·2425

定价 32.00 元